JN042621

刑の重さは何で決まるのか

高橋則夫 Takahashi Norio

★——ちくまプリマー新書

454

はじめに

2023年3月に佐賀県鳥栖《とす》市の住宅で両親をナイフで刺殺した19歳の長男に対して、佐賀地裁（裁判員裁判）は、同年9月15日、殺人罪の成立を認め、懲役24年の判決を言い渡しました。

この事件の背景には、いわゆる「教育虐待」がありました。長男は、小学校の頃から成績が悪いと父親に胸ぐらをつかまれ、蹴られてアザができたり、また1時間以上正座させられ、説教が続いたこともありました。暴力を受けながらも長男は勉強を重ね、高校は佐賀県トップの公立進学校へ、大学は九州大学へと進学します。しかし、父親の暴言や暴力は止むことはありませんでしたが、他方で、父親は長男に対して愛情を抱いていたとの証言もありましたし、長男の写った写真をスマホの待ち受けにし、車の中には長男の手紙が入れてあったとのことでした。

検察は、2人の生命を奪った反社会性は著しいと主張し、懲役28年を求刑しましたが、弁護側は、事件は継続的な教育虐待と身体的・心理的虐待を受けたことから生じたものと指摘し、少年法の保護処分あるいは懲役5年が相当であると主張しました。佐賀地裁は、少年院に収容した場合、長くて3年であり、肉親を手にかけた罪の重さに向き合うには不十分であり、保護処分による更生の可能性は低いとしつつ、幼少期から父親の心理的・身体的な虐待を受けたことが殺害の決意に影響しており、殺害しようと考えるまで追い詰められたことについては同情すべき部分があるが、計画的で強い殺意に基づいた犯行であり、母親を巻き添えにした動機や経緯も身勝手で自己中心的であり、相当長期間の実刑をもって臨むほかないと判示しました。

さて、「懲役24年」は、妥当ですか、不当ですか。不当と考える場合、重すぎるのですか。軽すぎるのですか。無抵抗の2人を一方的にナイフで複数回刺したこと、虐待をした父親だけでなく母親までも殺害したこと、周到な計画性があること、両親を殺害するという家族内の殺人であること、殺害された両親の親族は長男の早期の社会復帰を望んでおり、懲役24年は重すぎると述べていること、長年教育虐待を受けてきたこと、長男は「特定少年」（101ページ）に該当することなどなど、考慮すべき量刑事情はたくさんあります。みなさんがどの事情を重視するかによって、妥当な刑についての意見は異なるでしょう。

世を騒がせた事件の裁判で判決が出ると、街頭インタビューなどで、「刑が軽い」とか、「刑が重い」とか、様々な意見が出てきます。しかし、そのような意見の根拠はどこにあるのでしょうか。みなさんの頭の中にある感覚的なイメージに従って、そのように言っているとしたら、それは、生産的とはいえません。裁判官や裁判員が熟慮して絞り出した結論が、単にイメージで批判されたら、やりきれない思いでしょう。

もっとも、これも無理のないことかもしれません。というのは、わが国において「刑罰とは何か」について、国民の間にコンセンサスがあるわけではないからです。さらに、加害者や被害者にとって、刑罰にどのような意味があるのかについても、一致した理解があるわけではありません。こうしたカオス（混沌《こんとん》）状況の中で、日々、刑が言い渡され、執行されていることには、改めて驚かされます。

通常の裁判では、刑を決めるのは裁判官ですが、裁判員裁判では、国民も裁判に参加して刑を決めることになります。有罪の場合には、たとえば「主文　被告人を懲役10年に処する」という形で言い渡されます。これによって、いろいろな人の人生が大きく左右されることになります。そんな大事なことなのに、カオス状況でよいのでしょうか。

みなさんは、裁判員としてのみならず、被害者や加害者として、刑事裁判に関わる可能性もあるわけで、自分のこととして刑罰を考えることが大事だと思います。

また、刑罰について考えることは、「人間とは何か」「社会とは何か」「国家とは何か」を考えることにもつながります。制裁としての刑罰はどうあるべきか、科される刑はどのくらいにするのが妥当なのかなどの問題は難問ですが、犯罪は社会にとって重大な出来事ですから、それらを考えることによって、みなさんは、確実に、新しい「ものの見方」を身に付けることができるでしょう。

本書は、「刑の重さは何で決まるのか」という問いに取り組むものですが、これが一筋縄ではいかない難問なのです。有罪判決に従って刑の種類と重さを決める作業を「量刑」（あるいは「刑の量定」）といいます。

この量刑の判断に至るまでには、いろいろ考えなくてはならないことがたくさんあります。いわば、「量刑」という判断に至るまでに「長く曲がりくねった道」を歩いていかなければならないのです。本書を通じて、みなさんも、この「長く曲がりくねった道」をたどってもらいたいと思います。

目次 ＊ Contents

第1関門：犯罪行為／第2関門：刑事責任

第2章 犯罪論の世界

第1章　刑法学の世界

1　なぜルールが存在するのか

「ルールのない社会」は「とかく住みにくい」

量刑の話をする前に、刑法のことを少し考えてみましょう。

私たちが住んでいるこの日本、さらには、世界を見渡せば、いろいろな国があり、そこでは様々な人々が生活しています。私たちは、たった1人で生きているわけではありません。そこには、自己の他に他者がいます。このような中で、各自が自己の欲望の赴くままに勝手に行動したら、全員が互いに奪い合い、殺し合うという、凄《すさ》まじい弱肉強食の世界になることは想像できるでしょう。このような事態を避け、互いに共存し、生き続けることを可能とするために、人間は「ルール」という素晴らしい策を創造したのです。

野球やサッカーなどのスポーツにルールがあるように、一定のルールがあってこそ、システムは成り立つのです。打ったら三塁に走る人も、一塁に走る人もいたとしたら、そんな野球は面白いでしょうか。ルールがあるからこそ、そのシステムが形づくられ、選手も観客もそれを楽しむことができて、みんなが幸せになれるのです。

社会システムもこれとまったく同じでしょう。だからこそ、ルールを束縛と捉え、「こんなモノいらない」と思っている人には、「ルールのない社会は、きっと住みにくいよね」とひとこと言わなければなりません。

ただし、ルールにもいろいろなレベルのものがあることはいうまでもありません。これを順番に見ていくことにしましょう。

礼儀やエチケットに反する行為の場合

たとえば、先生に会ったら、お辞儀をする、「おはようございます」と挨拶する、などの礼儀やエチケットというルールがあります。しかし、これをしなかったからといって、誰かに迷惑をかけるわけではありません。もっとも、カチンとくる先生もいるでしょうし、「礼儀がなってない」ということで評価が下がるかもしれません。そのような評価は受けたくないからと挨拶することにしてもいいし、あるいは「そんなの関係ねぇ」と気にしなくてもいいわけです。

とにかく、このような礼儀やエチケットというルールに違反する行為は、その具体的な結果を一律に決めることはできないのです。このようなルールは、道徳（モラル）の世界に属するものであり、当の人間関係、すなわち、家庭、学校、地域社会その他において処理すべき事柄です。たとえば、電車・バスの優先席に座っている若者が高齢者・身体障害者等に席を譲らない行為は、やはりマナーの問題、道徳の問題であり、その違反に対しては、その場、その地域の人間関係によって対処することが望ましいでしょう。ちなみに、こうした事柄を当の人間関係によって処理できる社会か否かが、その国の文化的成熟度を測る尺度であると思います。

いずれにせよ、これらのルールは第1レベルのルールといえるでしょう。

人に金を借りたのに返さなかったらどうなるのか

それでは、ルールの第2レベルに進みましょう。たとえば、人に金を借りたのに返さないという場合はどうでしょうか。「金を借りたら返さなければならない」というルールは、道徳でもあります。しかし、道徳の世界で対処するだけでは、貸した人の財産を保護することはできません。そこで、何らかの強制力が必要となります。

この点に、道徳の世界から法の世界へと移行する段階があるわけです。私たちの日常生活における財産や家族関係の問題については、民法という法律がルールを定め、これを守らせようとしています。貸主は、お金を強制的に返却させたり、あるいはお金が返却されなかったことによって生じた損害を賠償させたりすることができることになります。

人の物を盗ったらどうなるのか

それでは、ルールの第3レベルに進みましょう。たとえば、ある者が他人のお金を盗んだ場合はどうでしょうか。第2レベルのルール、たとえば、民法によって、所有権に基づく返還請求とか、不法行為に基づく損害賠償請求だけで済ませることで充分でしょうか。

このルール違反に対しては、より強い非難をすべきだ、行為者は危険だから隔離すべきだ、あるいは、行為者が再びそうした犯罪をしないように制裁を科すべきだと考えることでしょう。すなわち、単に「金を借りたら返さなければならない」という第2レベルのルールよりも高いレベルのルールが存在すると考えられます。「人の物を盗《と》ってはいけない」というルールの違反には、より強い法効果が必要であり、刑罰を用いざるを得ないわけです。まさに窃盗罪の規定が必要とされることになります。

人を殺してはいけないのは「殺人罪があるから」ではない

「人を殺してはいけない」というルールは、この第3レベルのルールであり、その違反には、殺人罪の規定が適用されることになります。

しかし、このルールは殺人罪の規定によってはじめて創設されたわけではありません。六法全書で刑法の条文を見て、「人を殺してはいけなかったのか〜」とはじめて知って驚いた人などいないはずです。

すなわち、このルールは、子どもの頃から「他人に迷惑をかけてはいけない」というマナーの延長線上で学習してきた事柄ですし、共同体において法以前に存在するルール（行為規範）であり、われわれがともに生き続けていくために必要なルールなのです。

以前、テレビ番組で、ある若者が「なぜ人を殺してはいけないのか」という問いを発し、それに対して、哲学者らが真剣に答えるという場面がありました。もし人を殺しても構わないのなら、自分も殺される可能性を認めることになるわけですから、もはやともに生き続けることを拒否しているだけのことです。ルールは、われわれ人間がともに生き続けていくことができるために存在していることを忘れてはならないでしょう。

刑法によって守られるものは何なのか

刑法は、この第3レベルのルールです。このルールに違反した行為は「犯罪」とされ、それに対しては、「刑罰」が科されることになります。

それでは、刑法は一体何を守ろうとしているのでしょうか。これは、「刑法の任務は何か」を問うことです。この問いに対して、刑法は社会倫理秩序を維持すること、たとえば、殺人罪では「みんなが人を殺さないという社会倫理を維持することにある」という答えもあります。しかし、社会倫理秩序それ自体はあまりに抽象的で捉えがたいですし、法と道徳の同一化を認めることになってしまうでしょう。

多くの考え方は、刑法の任務は「法益」（法によって守られる利益）を保護することにあると解しています。たとえば、殺人罪でいえば、「人の生命」を保護することにあるというようにです。

もっとも、裁判で殺人罪の成立が認められ、被告人に死刑が宣告され、執行されたとしても、殺害された被害者が生き返るわけではありません。民法の世界であれば、損害賠償として金銭による回復が行われることになるでしょう。それでは、刑法における「法益保護」とは一体どういう意味なのでしょうか。

刑法における法益保護は、これから被害者になり得る者、つまり、潜在的被害者である一般人の法益を事前に保護するということです（予防的な法益保護）。これは、法益を害する行為がなされる前に、刑罰を予告することによって、潜在的な加害者である一般人を威嚇し、犯罪を抑止するということでもあります。そして、現に法益を侵害した加害者に対して刑罰を科すことによって、これもまた、事後的に、潜在的な加害者を威嚇し、犯罪を抑止することによって、潜在的被害者の法益を保護するのです。

他方、刑法は、国家権力の恣意的な判断（たとえば気に入らない人物を適正な手続を踏まずに捕まえて罰するなど）から市民の権利・自由を守るということで、市民を国家権力の犠牲者になることから保護しているという面があります。これを刑法の自由保障機能といいますが、「法益保護と自由保障」とのバランスが重要となります。すなわち、法益を保護するために刑法が積極的に介入していくと、処罰の拡大に至るとともに、自由保障の範囲が狭まってくることになるのです。

結局、刑法は、被害者側から見れば「法益保護」を、加害者側から見れば「自由保障」を実現するものといえるでしょう。

刑法は被害者を守るためのものではない

これに対して、刑法で守れないのは、実際に被害にあった被害者です。被害者を守れないという指摘には驚くかもしれませんが、前述のように、刑法は、事前に予防として被害者を守るのであり、実際に被害にあった被害者（遺族）にとっては遅れて登場するものなのです。事後的に、被害者に対する金銭賠償という形で損害の回復が図られますが、それは民法の世界です。

被害者（遺族）に対して刑法ができることは、被害者（遺族）の処罰感情の充足くらいでしょう。しかし、刑法は被害者（遺族）の処罰感情を本当に充足しているのか、あるいは、そもそもそれを充足すべきなのかという根本問題がここにあります。

たとえば、通り魔の被害者（遺族）は、愛する人を失ったり、重大な傷害を負ったりして、「こんな理不尽なことはない」と絶望のどん底に突き落とされたわけですから、加害者を憎み、死刑を望むかもしれません。加害者に対する報復感情が生じるのも当然でしょう。しかし、この感情を宥和《ゆうわ》させ、充足させることは、刑法の任務ではありません。被害者（遺族）の感情もその内容は実に多様ですし、また世論という形で存在する一般人の感情に従って刑法が解釈され、適用されることがあってはならないからです。

刑法学における精緻な犯罪論は、これらの感情から距離を置いて体系化されているのであり、むしろこれらの感情に影響されないために存在しているのです。もっとも、被害者（遺族）の感情は、量刑において考慮されます。とくに、被害者参加制度（一定の重大事件の被害者や遺族などが、被害者参加人として公判期日に出席し、証人尋問を受け、被告人質問などを行うことができる制度）は、量刑判断に大きく影響することは否定できないでしょう。

しかし、一般的には、被害者（遺族）や一般人の処罰感情は、一般化・類型化されて考慮されるにすぎないのであり、その限りで、刑法は被害者（遺族）・一般人の感情を保護しているということはできるでしょう（これらの点については、第5章で検討します）。

行為と刑罰の関係を考える学問

犯罪を対象とする学問には、刑法学のほか、刑事手続に関わる刑事訴訟法学、犯罪原因などに関わる犯罪学、犯罪対策などに関わる刑事政策学（犯罪対策学）などがあります。このことから、「犯罪」という場合、それをどの分野、どのレベルにおいて問題にしているかという点を意識する必要があります。刑法学が対象にしているのは、「犯罪」問題全体の一部にすぎないからです。

前述のように、刑法は第3レベルのルールであり、それは刑罰法規として存在します。刑罰法規には、刑法（刑法典）を基本に、特別刑法も含まれます。

刑法典においては、たとえば「人を殺した者は、死刑又は無期若しくは5年以上の懲役に処する」と規定されています。

他方で特別刑法、たとえば独占禁止法では、「事業者は、私的独占又は不当な取引制限をしてはならない」とまず禁止行為が規定され、後の条文で、「次の各号のいずれかに該当するものは、5年以下の懲役又は500万円以下の罰金に処する。①第3条の規定に違反して私的独占又は不当な取引制限をした者……」と罰則が規定されるのが通常です。

このように、刑罰法規には、いかなる犯罪行為をすれば、いかなる刑罰が科せられるのかという「要件―効果」が規定されています。ここでは、「法的三段論法」を身につける必要があります。法的三段論法とは、

①大前提（Aという要件をみたした場合には、Bという効果が発生する）
例：殺人を犯した者には、死刑……という法効果が生じる
②小前提（甲の行為はAという要件をみたす）
例：甲が殺意を持って乙をナイフで刺突した行為は殺人罪の要件をみたす
③結論（甲の行為にはBという効果が発生する）
例：甲の行為には死刑……という法効果が生じる

というものです。このうち、①大前提に位置づけられるのが「要件―効果」であり、これを「法命題」といいます。②小前提は、事件として現実に起こった具体的事実であり、これが大前提にあてはまるかどうか判断をします。これを「あてはめ」といいます。

法律学の中心的課題は「法命題に具体的事実があてはまるか」ということにあります。そして、この法命題の背後に「法規範」というものが存在するわけです。これは、たとえば、殺人罪であれば、「人を殺すな」という「行為規範」と、「殺人を犯した者は罰せられる」という「制裁規範」とから構成されています。

このように刑法においては、なんらかの行為を行った者が刑罰法規上の行為規範に違反し、刑罰法規上の要件に該当し、国家が刑罰法規上の制裁規範に基づいて刑罰を科すということになります。刑法は「国家対加害者」の関係を規律する法なのです。

しかし、犯罪は、現象的に見れば、加害者にだけ原因があり、それに起因して一方的に行われるというものではありません。犯罪は、社会との関係、被害者がいれば被害者との関係、さらには刑事司法との関係などの相互作用によって生じるものです。ですから、刑法学は、犯罪の全体像のほんの一部を対象にしているにすぎないことを意識する必要があるでしょう（この点については、第5章を参照）。

2　刑罰は何を目的としているのか

3つの段階――法定刑・処断刑・宣告刑

まずは、刑罰には3つの段階があることを意識してください。

第1段階は、「法定刑」です。法定刑とは、刑罰法規の条文に規定されている刑をいいます。たとえば、殺人罪で、「死刑又は無期若しくは5年以上の懲役」と定められているのが法定刑です。まずはこの法定刑を条文で確認することが必要となります。

第2段階は、「処断刑」です。処断刑とは、法定刑に定められた刑の種類と内容の幅を考慮して、一定の枠を確定させた刑をいいます。殺人罪であれば、まず、死刑か、無期懲役か、有期懲役の中から刑の種類を選択します。

有期懲役を選んだ場合、犯罪の事情によってはその刑を重くしたり、軽くしたりすることが条文に規定されている場合があり、これらを法律上の刑の加重事由、減軽事由といいます。たとえば、犯罪が未遂に終わった場合には、「その刑を減軽することができる」とか、繰り返し犯罪を行っていた場合には、再犯として、「その罪について定めた懲役の長期の2倍以下とする」と加重すべきことが規定されていますから、法定刑が10年以下の懲役であれば、20年以下の懲役となるわけです。

第3段階は、「宣告刑」です。宣告刑とは、処断刑の枠の中で被告人に言い渡す刑をいいます。たとえば、判決の主文で「被告人を懲役5年に処する」というように言い渡される刑がこれです。

日本の刑法は刑罰の幅が広い

量刑の判断に大きな影響を与えることになったのが、裁判員制度であることは言うまでもありません。裁判員制度は２００９年5月に開始され、一般国民である裁判員が、裁判官とともに「事実の認定、法令の適用、刑の量定」を行うことになりました。この中でとくに難しい判断を強いられるのが「刑の量定」、つまり量刑です。

前述のように、刑罰は、法定刑、処断刑、そして宣告刑へという経過をたどるわけですが、わが国の刑法典は、諸外国に比べて法定刑の幅がきわめて広いものとなっています。たとえばドイツ刑法典では、殺人罪は謀殺（性欲の満足、強欲などの下劣な動機や、残酷な手段を用いて人を殺害する行為）と故殺（謀殺以外の人を殺害する行為）に分けられ、前者は無期自由刑、後者は5年以上15年以下の自由刑（犯情が特に重い事案では無期自由刑）とされており、法定刑は比較的限定されています。これに対して、わが国の刑法典では、殺人罪に謀殺と故殺の区別はなく、その法定刑は、死刑、無期懲役、５年以上の懲役（加重される場合は30年まで可能）とされており、法定刑が広範囲となっているのです。

こうした中で、個別の事件について量刑の判断をすることはきわめて困難な作業となります。もっとも、裁判員裁判以前は、裁判官が同じような事件の裁判例、資料・文献、自己の経験などを駆使しながら、いわゆる「量刑相場」というものを念頭において、事件の具体的事情を考慮して判断していました。しかし、裁判員に対して、過去の同種の事件の裁判例を比較検討することを求めるのは現実的ではありませんし、多様な価値観を有する国民がそれぞれの価値観を反映させるという裁判員裁判の趣旨にも反することになるでしょう。

「廊下に立たされる罰」から刑罰を考える

ところで、これまでの人生を振り返ってみると、いろいろ罰を受けた経験があると思います。たとえば「小学生の頃、宿題を忘れて廊下に立たされた」ということも、先生から受けた罰です。これはもちろん国家刑罰権（犯罪者を処罰できる国家の権限）ではありませんが、罰一般を考える格好の材料です。先生は何のために、宿題を忘れた生徒を廊下に立たせたのでしょうか。「今朝、妻とけんかしたから」という不合理な理由や、

「太陽が眩《まぶ》しかったから」(フランスの哲学者・小説家であるアルベール・カミュの『異邦人』という小説の主人公ムルソーが、殺人を犯した理由として裁判で答えた言葉です)という不条理な根拠を除いて考えれば、次のようなことが考えられます。

第1は、因果応報ということです。これは、「宿題をやってこなかった」から、その反作用として、「廊下に立たせる」罰を科すというだけのことであり、他に目的はないというものです。

第2は、他の生徒たちへの「見せしめ」にし、宿題をやってこないと、廊下に立たされることになるので、みんなが宿題をやってくるようにさせるために、他の生徒たちを威嚇して従わせることを目的とするものです。

第3は、「宿題をやってこなかった」その生徒を改善・教育するということであり、その生徒を「立ち直らせ」て、今度から宿題をやってくるようにさせることを目的とするものです。

第4は、「宿題はやってこなければいけない」というルールが破られたことを確認し、そのルールをあらためてクラスに周知徹底することによって、そのルールを回復させ、遵守させることを目的とするものです。

これら4つの根拠は、日常生活の様々な場面における罰にほぼ当てはまるだけでなく（もっとも、私的な面が強い罰だと、第2と第4の根拠はなくなることはいうまでもありません。たとえば、浮気した結果、妻から頬をビンタされるような場合など）、刑罰の根拠についてもそのまま当てはまります。ただ、日常的な罰と刑罰との違いには注意する必要があります。

まず、刑の種類は限定されています。刑法9条は、主刑（それだけで独立に言い渡すことができる刑）として死刑、懲役、禁錮（なお、2022年に「懲役と禁錮の区別」が廃止されて「拘禁刑」に単一化されました。施行日は2025年6月1日）、罰金、拘留、科料、さらに付加刑（主刑に付加して言い渡すことができる刑）として没収を規定しています。したがって、百たたきなどのような身体刑は禁止されています。

さらに、刑罰を科す権限は国家が独占しており、また国家は権力を使いたがる性質があることから（権力濫用の歴史を見ればわかります）、それを制限する原理が必要となります。第2の「見せしめ」の目的であれば、宿題の事例では生徒たちが震え上がるような罰を科すのが効果的でしょうし、第3の「立ち直り」の目的であれば、本当に立ち直りが証明されるまで立たせておく必要があるかもしれません。しかし、そのような効果が期待できるか明らかではありませんし、そもそもそんな罰は人権尊重に反することになるでしょう。

「刑罰とは何か」をめぐる考え方

前述した日常的な罰の根拠は、刑罰とは何かをめぐる論争にそのまま対応します。

第1の考え方は「応報論」であり、刑罰は、犯罪に対する反作用として、刑罰を科すことそれ自体に意味があるという考え方です。「目には目を、歯には歯を」という正義論（カント）がその基礎にあり、刑罰はもっぱら過去に行われた行為への反動と考えますから、回顧的な刑罰観に基づいています。

この考え方は、刑罰には目的はなく、たとえば、他人を殺害することは、すべての人を殺すことと同義であり、その結果、自分をも殺害したことになるというものです（絶対的応報論）。もっとも、犯罪は法の否定であり、刑罰は法の否定の否定である（ヘーゲル）と考えるならば、刑罰は「法の回復」のためにあることとなり、応報論も何らかの目的を持つことになります。
第2の考え方は「一般予防論」であり、刑罰は、一般人に対する威嚇のためにあるという考え方です。犯罪を行った具体的な行為者ではなく、これから犯罪を遂行する（かもしれない）潜在的な行為者（潜在的な犯罪者）に対して犯罪をしないように抑止することを目的とします（もっとも、この考え方は、消極的一般予防論と名付けられ、第4の積極的一般予防論と区別されます）。この考え方は、応報論とは異なり、潜在的な犯罪者を予防するという展望的な刑罰観に基づいています。

第3の考え方は「特別予防論」であり、刑罰は、行為者の改善・教育のためにあるという考え方で、行為者を社会に復帰させるために処遇してふたたび順応させる（再社会化させる）ことを目的とするものです。この考え方も、行為者の将来の犯罪を予防するという展望的な刑罰観に基づいています。

第4の考え方は「積極的一般予防論」であり、刑罰は、国民に規範意識を覚醒させるため、あるいは法的平和の回復のためにあるという考え方で、ルール自体の存在価値を再確認させるという目的を有しています。この考え方は、回顧的な刑罰観と展望的な刑罰観を併せ持つものといえるでしょう。

以上が、前述した日常的な罰に対応させた刑罰本質論ということになります。いずれも1つの考え方だけを徹底させたら、大変な極論になってしまうことから、どれか1つの考え方で根拠づけることはせず、これらの考え方をすべて考慮しようとする「結合説」あるいは「総合説」が有力です。

問題は、どのような形で結合・総合させるかですが、たとえば、応報を歯止め（頭打ち）にして、その中で予防を考慮することもできますし、あるいは、法定刑の段階では一般予防論、宣告刑の段階では応報論、刑の執行段階では特別予防論を考慮することもできます。いずれにせよ、応報論の枠内で予防論を加味して考える「相対的応報論」が現在の一般的な考え方といえます。

刑罰は個人と共同体のコミュニケーションのためにある

国家は何らかの機能、目的を有するシステムであり、そのような視点から、刑罰論を検討する必要があります。国家それ自体に絶対的な価値を認めることはできません。なぜなら、国家は、われわれの生命・身体・財産等を保護する手段として考案された政策的な調整制度だからです。

応報論は、刑罰が何の目的も持たず、ただ国家的な反作用であるというのであれば、国家的価値こそ最高であると認める国家観を基礎とすることになり、妥当ではありません。特別予防論も、それが歯止めのない改善思想であるならば、また、(消極的)一般予防論も、それが歯止めのない威嚇思想であるならば、それは国家の任務を逸脱することになります。なぜなら、前者であれば、改善されるまで刑務所から出さないという不定期刑が理想の刑罰となってしまいますし、後者であれば、窃盗犯人に対して死刑を規定することも許されることになってしまうからです。

したがって、反作用という意味での応報を刑罰発動の歯止め(頭打ち)として位置づけたうえで、その歯止めの中で、刑罰に一定の目的を持たせることが、憲法上、国家刑罰権の正当化根拠となるべきでしょう。

要するに、国家はあくまでも個人と共同体との自由なコミュニケーションを支える政策的な制度であり、したがって、刑罰は個人と共同体の自由なコミュニケーションの維持のためにあるのです。

刑罰は、犯罪によって侵害された法的平和を回復させる国家システムです。犯罪に関わる当事者として、まず加害者としての行為者がいますし、被害者（遺族）もいます。しかし、これらの当事者だけではなく、それぞれの関係者（ミクロなコミュニティ）から、地域社会（マクロなコミュニティ）などの公的なレベルも関わり、さらに、社会、国家というレベルにまで関係性を広げるべきです。法的平和とは、加害者、被害者、（ミクロ／マクロ）コミュニティの3者間における規範的コミュニケーションであり、この回復のための最終手段が刑罰であると解することができるでしょう。

3　量刑に至る「長く曲がりくねった道」

裁判員制度の導入に合わせて、平成21年度司法研究（司法研修所編『裁判員裁判における量刑評議の在り方について』以下、「司法研究」と略します）が、量刑に関する一定の指針を打ち出したことは注目に値します。

この司法研究によれば、量刑とは、「被告人の犯罪行為に相応《ふさわ》しい刑事責任を明らかにすること」とされており、ここでは、「犯罪行為」と「刑事責任」という2つの要素が示されていることに注目してください。すなわち、量刑に至る「長く曲がりくねった道」の最初の関門は「犯罪行為」、次の関門は「刑事責任」ということです。

第1関門：犯罪行為

まず犯罪行為について、たとえば殺人罪の処罰規定がなぜあるのかを考えてみてください。それは前述のように、「人を殺す行為をしてはいけない」という行為規範の遵守を通じて、人の生命という法益を保護するためにあるというのがその理由です。人を殺すことは道徳や倫理に反する行為でもありますが、そのような道徳や倫理を保護するために殺人罪の処罰規定があるわけではなく、人の生命という重要な法益を保護するために処罰規定があるわけです。

また、殺人罪は「死刑又は無期若しくは5年以上の懲役」、窃盗罪は「10年以下の懲役又は50万円以下の罰金」と、法定刑が異なっていることも、刑法がそれぞれの法益をどの程度重要と考えているか、どの程度強く保護しようとしているかのあらわれといえます。

この法益保護という視点は、後述（第2章）のように、刑法学においては「違法性」というカテゴリーに属する問題として議論されています。この「違法性」の判断が、量刑に至る「長く曲がりくねった道」を形成する要素の1つとなっているのです。

その行為が法益をどの程度侵害し、あるいは危険にしたのかという判断を前提にして、そのような行為をした被告人をどの程度非難することができるのかが判断されるわけです。いわば、法益保護の要請に反した程度に応じて、反作用としての刑罰の質・量が決められるのです。

このように、量刑に至る「長く曲がりくねった道」を形成している第1要素は「犯罪行為」であり、量刑判断は、一定の「法益」を侵害し、危険にする行為の存在を前提とするわけです。

第2関門：刑事責任

次に、「犯罪行為」にふさわしい「刑事責任」を明らかにする必要があります。刑事責任とは、罪を犯したことに対して、国家が刑罰を科すための前提として必要となる責任のことです。しかし、この刑事責任とは何かについては、後述のように、現在に至るまで激しい論争があり、永遠の課題です。もっとも、ここでは、「違法行為に対する法的非難（可能性）」と解しておけばよいでしょう。

刑事責任を判断する場合に、その基準はどこに求められるのでしょうか。まず、犯罪行為のもたらした結果の重大さを基準にして判断することが考えられます。犯罪結果の重大さは客観的な事情ですし、刑事責任を構成する重要な要素であることは確かです。しかし、刑事責任の判断は、それを前提としつつ、「意思決定に対する非難（可能性）」ということが中心的要素となっているのです。

もっとも、刑法学において、この「意思」については、かなり強いものと理解されています（この点について第5章で取りあげます）。とりあえず、一般的な考え方としては、被告人が、適法行為（法に反しない行為）をすることができたにもかかわらず（これを

「他行為可能性」と言います）自分の意思で違法な犯罪行為を選択して行ったことに対して、法的に「けしからん」という非難を加えるものと解されています。

第2章　犯罪論の世界

1　犯罪とはどのような行為なのか

ドストエフスキーの『罪と罰』

さて、量刑に至る「長く曲がりくねった道」をたどるとき、最初の関門は「犯罪行為」です。まずは、次の物語からスタートしましょう。

法学部を中退した貧しい青年ラスコーリニコフは、生きていることの不快さから、いつもイライラしていました。彼は、人間にはナポレオンのような特別な人間と、歴史の材料にしかならない普通の人間とがいて、自分は前者であることを証明するために、金貸しの老婆とその妹を斧《おの》で殴り殺し、わずかの金を奪います。証拠を残さず、屋根裏の自室に戻りますが、そこから、彼は激しい恐怖と孤独感に苦しめられます。その結果、娼婦《しょうふ》ソーニャに殺人を告白し、同情した彼女にどこまでもついていくと言われて、彼は自首します。8年の強制労働の判決が下り、シベリアのある町の監獄に入れられ、ソーニャもその町に移り住みます。そして、ラスコーリニコフは、労働作業場の川岸で、突然不思議な体験をします。それまであった生きていることの不快ないらだちが全身から消え、喜びと悲しみの感情がわき起こり、生まれ変わったようになったのです。

ドストエフスキーの『罪と罰』(江川卓訳、岩波文庫)は、魂の救済がメインテーマです。読者はラスコーリニコフの蘇生《そせい》の物語に感動するのでしょう。

このように、犯罪をテーマにした小説、映画、テレビドラマなど、さらにはニュースで報道される犯罪、そして犯罪にかかわる犯罪者、被害者、コミュニティ、それらを追いかけるマスコミなど、犯罪に対する関心は否《いや》が応でも喚起されます。

マスコミが、被害者遺族の「極刑にしてください」という重い言葉を何度も報道すると、視聴者は同情し、怒りを共有します。他方、マスコミが加害者の生い立ち、加害者家族の苦しみを報道すると、視聴者はそれに同情し、悲しみを共有します。さらに、マスコミが犯罪を未然に防げなかった警察をはじめとする諸機関のことを報道すると、視聴者はそれに怒りをおぼえ、社会・コミュニティを問題にすることでしょう。

犯罪をめぐっては、被害者・加害者・コミュニティという3者について、人々は様々な思いをめぐらし、様々な感情を抱き、犯罪という重いテーマを考えさせられます。その中で、ラスコーリニコフの犯罪に対して、なぜ8年の懲役という判決が下されたのかという点について関心を抱く人もいるかもしれません。

刑法学はまず行為を問題とする

刑法学は、まずはラスコーリニコフの「行為」を問題とします。この行為が殺人罪と窃盗罪（あるいは占有離脱物横領罪）なのか、強盗殺人罪なのかを問うのです。刑法学の対象は、加害者の行為であり、被害者（遺族）の悲しみや苦しみ、加害者の生い立ちや環境、コミュニティの同情などは二の次とされます。

すなわち、刑法学と、犯罪をめぐる様々な人々の感情や感性との間には、大きなギャップが存在しているのです。このギャップこそが、法学部に入学し、刑法を学びはじめた学生に、「刑法学って一体何を研究しているのだ」という疑問を抱かせる大きな原因となっているようです。生々しい人間の生き様を投影する犯罪をイメージして「刑法総論」の授業に出席したら、無味乾燥な内容の講義が続いて愕然《がくぜん》とする新入生が多いのもこのためです。

悲観的な話ですが、このギャップを埋めることはおそらくできないでしょう。なぜなら、刑法学は、一般人の日常の感性を打破するところに、その存在価値があるともいえるからです。「罪と罰」のレベルから「犯罪と刑罰」のレベルへと思考をアップグレードさせ、思考のOS（オペレーティング・システム）を転換させる必要があるのです。そこに刑法学の存在意義があると同時に、そこに刑法学の限界もあることを意識する必要があるでしょう。

罪刑法定主義という大原則

「罪と罰」から「犯罪と刑罰」への思考のアップグレードを実現するには、ドストエフスキーの著書と同じ題名の書である、チェーザレ・ベッカリーアの『犯罪と刑罰』（風早八十二・五十嵐二葉訳、岩波文庫）を読むのがよいかもしれません。

ベッカリーアは18世紀後半に活躍したイタリアの啓蒙《けいもう》思想家であり、ルソーの社会契約説を基礎にして自らの刑法思想を構築した人です。すなわち、彼は各人が社会契約を結んで社会を形成するにあたり、各人が自由の一部を供託したのが刑罰権であり、したがって、その範囲を超える刑罰権の行使は権力の濫用であり、不正であると説いたのです。

これを出発点として様々な重要な帰結を展開した著書が『犯罪と刑罰』です。その中で最も重要なのは、「何が犯罪であり、何がそれに対して科されるべき刑罰であるかは、あらかじめ法律で定められていなければならない」という「罪刑法定主義」の大原則を熱く主張したことです。

どんなに危険な人でも、どんなに悪い人でも、法律で定められた犯罪をしなければ「いい人」であり、毎日いじめにあってかわいそうな人でも、いじめのボスをナイフで刺して傷を負わせれば、傷害罪に該当し、刑法上(適切な表現ではありませんが)「悪い人」なのです(いじめ自体が犯罪となる可能性はありますが)。もっとも、ボスたちのいじめの暴行に反撃した場合、正当防衛の余地がありますが、素手の暴行に対してナイフを使って反撃したときは、過剰防衛となる可能性が高いでしょう。また、ナイフを使って反撃したことは無理もないということで、非難可能性が減少し、刑が軽くなる可能性もあります（執行猶予の余地もあるでしょう。少年であれば、少年法に基づいて、審判不開始だとか、不処分になるかもしれません）。

さて、ベッカリーアは、今では当たり前となっている「罪刑法定主義」をなぜこれほどまでに熱く主張したのでしょうか。それは、それまでの専制的な国家支配を打破することに彼の理想があったからです。すなわち、国家刑罰権の濫用（たとえば、江戸時代の大岡裁きなど裁判官が裁判で法律を作って適用することなど。大岡越前《えちぜん》はよい人だからよかったですが）から個人を守る防波堤として「罪刑法定主義」を打ち立て、刑法学はこの原理に立脚すべきであると説いたのです。まさに、刑法学は、「国家からの自由」の保障を志向する近代法の所産だったのです。

すなわち、ベッカリーアが熱く主張した罪刑法定主義において重要な視点は、「刑罰を科すのは国家である」という視点であり、国家対個人の関係における国家刑罰権の関係を捉える視点にあります。

犯罪か、犯罪以外か

罪刑法定主義によれば、刑罰が科せられるのは単なる「罪」ではなく刑罰法規に規定された「犯罪」でなければなりません。前述のように、日常生活においては様々な罪が存在します。電車の優先席で健康な若者が横になってガーガー寝ていれば、道徳上の罪を犯したことになるでしょうし、友人から借りていた本を間違えて紛失してしまえば、民法上の罪（不法行為）を犯したといえるかもしれません。ニーチェのように「神は死んだ」と考えれば、それは、神を信じる人たちからすれば、宗教上の罪を犯したといえるでしょう。しかし、これらは「犯罪」ではないのです。

重要なのは、その行為が「犯罪か、犯罪以外か」です。刑罰を科される行為であるか否かは、法律の条文を確認すればわかります（刑法典のみならず、会社法や独占禁止法などにも罰則規定が設けられています）。

それでは、ある行為が犯罪であるという判断はどのようになされるでしょうか。たとえば、相手を殺害したとしても、正当防衛であれば犯罪ではありません。ある行為が犯罪であるか否かの判断を、警察官や検察官、さらには裁判官の判断や裁量に全面的に委ねることはできません。ある行為が犯罪であるという判断は、前述のように国家刑罰権の発動に関わるものですから、できるだけ冷静で、公正で、慎重な判断が求められるのです。そのためには、犯罪成立の判断枠組み、順序が必要となります。これが「犯罪論の体系」です。

犯罪であると判断するプロセス

ある行為が犯罪であるか否かの判断は、いくつかの試験（テスト）を段階的に経てふるいにかけることによって行うのが賢明でしょう。たとえば、司法試験であれば短答式試験、論文式試験（予備試験ではさらに口述試験）というように、就職試験であれば書類審査、面接試験というように、です。こうした試験（テスト）では、外部的なものから内部的なものへ、客観的なものから主観的なものへ、形式的なものから実質的なものへという順序で行うのが合理的です。

詳しくは後述することにし、ここでは概略だけを述べます。まずは、ある行為が犯罪の一定の型・枠に当てはまるかの判断をします。この型・枠は条文を解釈して得られるものであり、これを「構成要件」といいます。そして、一定の行為がこの構成要件に当てはまることを「構成要件該当性」といいます。しかし、この構成要件にどのような要素を盛り込むかは、実はやっかいな問題です。いずれにせよ、ある人が殺意をもって人を殺害すると、その行為は「殺人罪の構成要件に該当する」という判断が行われることになるわけです。

多くの事件はこれで結論が出ます。しかし、構成要件に該当した行為が、たとえば正当防衛であったような場合には「違法でない（正当である）」とされますし、違法ではあっても行為者が責任無能力であったような場合には、「責任」がないとされることがあります。このように、構成要件該当性→違法阻却→責任阻却という判断順序に従って、ある行為が犯罪か否かが決定されていくわけです（「阻却」とは、その成立をしりぞけることです）。

このように、ある行為が世間で罪と考えられているか否かにかかわらず、その行為は犯罪論体系へとインプットされ、犯罪か否かの結論がアウトプットされることになります。

2　犯罪の成立はどのように判断するのか

甲の行為のゆくえ

1つの事例を挙げます。

「甲は、長年Xに恨みを抱いていたが、とうとう殺意をもって、Xの自宅に侵入し、居間でテレビを見ていたXの首にナイフを突き刺したところ、Xは、出血多量で死亡した」

この事例で、甲には「刑法199条の殺人罪が成立する」（刑法130条前段の住居侵入罪も成立します）という結論を言い放つだけではすまされないことはわかると思います。つまり、刑法は前章で触れたように「いかなる犯罪行為をすれば、いかなる刑罰が科せられるのか」という要件と効果を規定する「実体法」ですが、一方でその刑法を実現していく「手続法」が必要なのです。刑事手続の中心となる法は刑事訴訟法です。その概要をお話しします。

まずは、刑事事件の発生を警察が認知しなければなりません。たとえば、Xの家族が

Xの死体を発見して110番通報をするなどしたことによって、警察等による捜査が開始されます。実況見分（捜査機関が現場を検証して事実の確認や証拠の保全を行うこと）や現場検証（刑事事件が発生した現場における検証で、裁判官発付の検証許可状に基づいて行われる強制捜査）、目撃者など事件関係者の取調べ、事情聴取、聞き込みなどがこれです。

その結果、警察は、甲を被疑者として逮捕し、逮捕から48時間以内に、甲と事件の捜査資料等を検察官に送致しなければなりません。検察官は、24時間以内に勾留請求を行い、甲の取調べなどを行います。そして、検察官は、嫌疑が十分であると判断した場合には、裁判所に有罪判決を求める訴えを提起します。これを「起訴（公訴提起）」といいます。起訴されれば、裁判所において、公判手続が開始され、証拠調べ手続、論告・求刑、最終弁論を経て結審となり、甲に判決が言い渡されます。

このような刑事手続の流れにおいて、軸として刑法という実体法が存在していることはいうまでもありません。上記の事例では、刑法199条の殺人罪の規定に基づいて、捜査がなされていくのです。

法律なければ犯罪なし、法律なければ刑罰なし

甲の行為については、最終的に、裁判所によって「犯罪」か否かが確定されます。その際、前述した「罪刑法定主義」が刑法上の大原則として存在します。

罪刑法定主義とは、文字通り「犯罪と刑罰は行為の前にあらかじめ法律によって定められていなければならない」という原則です。「法律なければ犯罪なし、法律なければ刑罰なし」であり、学生諸君にとっては「勉強なければ単位なし、出席なければ単位なし」と同じ大事な原則です。

この罪刑法定主義は、現在では近代刑法の当然の原則として認められていますが、近代以前においては、犯罪と刑罰が時の権力者によって恣意的に決定されるという「罪刑専断主義」が支配していました。罪刑法定主義の規定は現行刑法典にはありませんが、憲法には、適正手続の保障の規定（31条）、刑罰法規不遡及の原則の規定（39条1文）などが、罪刑法定主義を規定していると解されています。

罪刑法定主義を根拠づけているのは、「民主主義の原理」と「自由主義の原理」です。前者は、三権分立の思想、議会制民主主義の思想であり、後者は、事前に何が禁止され

るかを国民にあらかじめ告知することによって、国民は犯罪と刑罰について予測可能性をもつことができるという原理です。とくに、後者の自由主義の原理が重要であり、これがなければわれわれは自由に行動できないわけです。

罪刑法定主義の内容を構成する要素としては、法律主義、事後法の禁止（遡及処罰の禁止）、類推解釈の禁止などがあります。ひとつひとつ確認していきましょう。

第1に、「法律なければ」にいう「法律」とは、国会の制定したそれを意味しますので、慣習法などの明文化されていない法は含まれません。したがって、法律がないのに慣習法を根拠に処罰することは許されません（もっとも、内閣が制定する命令である政令に罰則が設けられる場合がありますが、憲法は法律の委任がある場合に限ってこれを認めています。さらに、地方公共団体の条例に罰則が設けられる場合がありますが、法律よりも下位に位置する条例に罰則を設けることの合憲性が問題となるでしょう）。

第2に、行為のときに適法であった行為をその後の法律（事後法）によって犯罪として処罰し、あるいは、行為のときに軽く処罰されていた行為を事後法によって重く処罰することは許されません。これは、憲法39条1文（刑罰法規不遡及の原則）の規定するところです。もっとも、この原則にも例外があり、刑法6条は「犯罪後の法律によって刑の変更があったときは、その軽いものによる」と規定し、行為時の法より裁判時の法の刑が軽くなった場合には、遡って適用することを認めています。

第3に、類推解釈の禁止があります。類推解釈とは、法律に規定のない事項について、似たような性質のある事項に関する処罰規定を適用することをいいます。これは、先ほどの自由主義の原理に反することは明らかでしょう。もっとも、法律の解釈は、条文に規定された語句を出発点として、その語句の意味内容を確定する作業であり、条文の語句の文理から広がることは避けられません。これを「拡張解釈」といい、この解釈は許されています。

それでは、「禁止される類推解釈」と「許容される拡張解釈」の違いはどこにあるのでしょうか。どちらも条文の語句を広げている点では同じですが、後者が条文から出発し、それを解釈し、それを事実にあてはめるという思考方法をとるのに対し、前者は事実から出発し、類似した条文を探し出すという思考方法をとっており、そこでは「解釈」が放棄されているわけです。したがって、類推「解釈」ではなく、類推「適用」という名称がふさわしいのです。

たとえば、「ガソリンカー転覆事件」は、ガソリンエンジンを動力として走行する鉄道車両の運転手であった甲が過失により同車を転覆させ、多数の乗客を死傷させたことにつき、刑法129条の過失往来危険罪の成否が問題となった事案です。

現在の最高裁にあたる大審院（1940年）は、汽車代用のガソリンカーも汽車と動力が異なるだけで、ともに鉄道線路上を運転し、多数の貨客を迅速安全かつ容易に運輸する陸上交通機関であることを根拠に、ガソリンカーも本条の「汽車」に含まれると判示しました。

本条の列挙は、1つの例として列挙する「例示列挙」ではなく、具体的に列挙されているそれらに限定する「制限列挙」であり、また「汽車」という文言《もんごん》を解釈の出発点とするならば、ガソリンカーはそれには含まれないという結論に至らざるを得ません。

また、「マガモ捕獲事件」は、甲が、法定の除外事由がないのに、河川敷において、食用にする目的で、洋弓銃（クロスボウ）を使用し、カモを目掛けて矢4本を発射したが、いずれも命中せず、カモを捕ることができなかった事案です。「捕獲」の意義について、現実に捕獲することのみならず、捕獲「行為」も含むのかが問題となりました。最高裁（1996年）は、甲の行為が鳥獣保護法を受けた昭和53年環境庁告示で禁止する「弓矢を使用する方法による捕獲」に当たるとしました。しかし、「捕獲」の語義からの乖離《かいり》程度が大きいこと、本罪には未遂を処罰する規定がないこと（2002年に未遂処罰規定が設けられました）、本罪は鳥獣の保護繁殖を実際に侵害する犯罪と解するべきことなどから、本罪の「捕獲」は現実に捕獲することと解すべきです。

犯罪成立の判断順序

さて、最終的に、裁判所が、事例における甲の行為に殺人罪の成立を認めることができるか否かを判断するわけですが、その際、恣意的な判断を回避するために、段階を踏んで順番に判断される体系が不可欠となります。これが前述した「犯罪論体系」であり、裁判官その他の法曹実務家の判断をコントロールし、判断のガイドラインを提供するわけです。

犯罪論体系を構築するためには、犯罪をいくつかの要素に分けて、それらを体系的に整序する作業が必要となります。犯罪の本質は、第1に、行為が（刑法上の）行為規範に違反することが出発点であり、それによってその行為は「違法」となります。この「違法」とは、「すべきである」という当為に関して、これを「しなかった」ことに対する「違反（悪い）」という判断（これを無価値判断といいます）です。

第2に、その当為に従って行為できたかが問われます。これは「することができる」という可能に関して、これを「しなかった」ことに対する「違反（悪い）」という判断であり、それによって、行為者に対して非難を加える、すなわち「責任」を問うことができます。日常的な例で言えば、たとえば宿題を出されたにもかかわらずやってこなかった生徒は、宿題をすべきという行為規範に違反し、違法であるということになります。しかし、その生徒が前日、風邪で発熱して宿題ができなかった場合には非難できず、責任を問うことができませんので、先生は叱ってはならないわけです。

刑罰に値する行為なのかどうか

もっとも、行為が違法であってもそのような行為に刑罰を科すことが必要かつ相当である必要があります。つまり、可罰的な行為かどうかが吟味されなければならないのです。この可罰性によって形づくられた型を「構成要件」といい、この「構成要件」に当てはまるか否かの判断が「構成要件該当性」の判断です。構成要件は条文を解釈して得られた観念像です。

54ページで述べた、甲が、殺意をもって、Xの首をナイフで刺した事例の場合、①客観的に、甲の行為は生命に対する危険性を有するものであり、②主観的に、甲に殺害の認識があることから、その行為は殺人罪の構成要件に該当すると判断されます。そして、③その行為によって、④死亡結果が発生した事案ということになります。

①を「実行行為」、②を「故意」、③を「因果関係」、④を「結果」といいます。このように、構成要件要素には、実行行為、結果、因果関係などの「客観的構成要件要素」があり、また、故意や過失などの「主観的構成要件要素」があります。

構成要件に該当すれば原則として犯罪が成立するのですが、例外的に、犯罪ではなくなる場合があります。たとえば、正当防衛の場合であれば違法が阻却されますし、また重度の精神障害により自己の行為が良いか悪いかわからず、行為を思いとどまることができなかったような責任無能力の場合であれば、責任が阻却されます。

このように、犯罪の成立要件としては、構成要件該当性、違法性、有責性という3つの要素が必要であり、犯罪論上は、構成要件該当性→違法阻却→責任阻却という順序で判断していくことになります。一定の行為が構成要件に該当し、違法阻却や責任阻却の事情も存在せず、犯罪の成立が肯定された場合には、次に、いかなる刑をどの程度科すかという量刑の問題に移行することになるわけです。

3 犯罪の要件を吟味する

まず「犯罪の型」ありき

犯罪論体系の最初の段階に位置するのは、一定の行為が「何罪の構成要件」に当てはまるかという構成要件該当性の判断です。すなわち、ドストエフスキーの『罪と罰』の主人公ラスコーリニコフの行為は、何罪の構成要件に該当するかという判断です。

構成要件とは、一定の型であり、類型です。構成要件は、各条文を解釈して形成されるものであり、条文それ自体ではありません。たとえば、殺人罪の条文では「人」という文言が使われており、客体は「人」です。したがって、「人」を殺害しない限り、殺人罪にはなりません。人になる前の段階は「胎児」であり、それを殺害した場合には堕胎罪が成立しますし、人でなくなった段階の「死体」を損壊した場合には死体損壊罪が成立します。

それでは、「人」であるのはいつからいつまででしょうか。法律には「人」を定義した規定はありませんので、解釈によって決定するしかありません。それによって、殺人罪の客体である「人」の意味内容が確定されることになります。そうしてできあがった要件が、構成要件と呼ばれるものです。

ラスコーリニコフの行為であれば、結局、強盗殺人罪の構成要件に該当するのか、それとも、殺人罪と窃盗罪の2罪の構成要件に該当するのかが問題となるでしょう。

「やったこと」による犯罪

構成要件を構成する要素(構成要件要素)は、基本的に、実行行為・結果・因果関係という客観的要素と、故意・過失という主観的要素(もっとも、過失には客観的要素の面もあります）から成り立っています。

構成要件要素の中で最も重要なのは、「実行行為」です。前述した甲の行為は、殺人罪の実行行為と評価できます。というのは、甲の行為は、客観的に、Xの生命を侵害する危険な行為であり、主観的に、殺人の故意（殺意）が認められるからです。

甲の行為に、「Xの生命を侵害する危険な行為」として実行行為性が認められるのは、刑法に法益を保護する任務があり、生命という法益を基礎に判断するからです。そして、生命という法益が毀滅された場合には、犯罪の結果が発生していますから、殺人は既遂犯となり、命に別状がなかった場合には、殺人は未遂犯となります。

「やらないこと」による犯罪とは？

不作為（やらないこと）によって実現される犯罪を不作為犯といいます。それでは、「不作為」とは何でしょうか。刑法上の行為は、作為と不作為に分けられます。注意してほしいのは、作為は運動、不作為は静止ということではありません。一定の身体運動を基準として、それに合致する態度が作為であり、それに合致しない態度が不作為です。

たとえば、「講義に出席する」という身体運動を基準にした場合、講義に出席している学生の行為は、微動だにしない居眠り状態であったとしても、それは作為であり、雀荘《じゃんそう》でマージャンをしている学生の行為は不作為です。

このような不作為によって実現される不作為犯は、たとえば、保護責任者不保護罪のように、「保護せよ」という命令規範に違反する「保護しない」という不作為によって行われます。このような不作為犯を「真正不作為犯」といいます。これに対して、殺人罪は「人を殺すな」という禁止規範であり、多くは、ナイフで胸を刺すなどの作為によって行われますが、母親が（殺意をもって）わが子に授乳しない不作為によっても行うことができます。このように、不作為によって禁止規範に違反する不作為犯を「不真正不作為犯」といいます。

たとえば、次の事例を考えてみましょう。

「甲は、誰もいない山中の湖でわが子Xが溺れているのを発見したが、育児に疲れていたので、Xが死んでくれたらいいと考えて救助せず、そのまま立ち去ったところ、Xは溺死した」

甲に不作為による殺人罪が成立するかについては、甲の不作為と結果との因果関係が問題となります。不作為は「何もしないこと」ではなく、「一定の期待された作為をしないこと」であり、「期待された作為があれば結果発生なし」という関係があれば因果関係は肯定されます。甲の作為（救助行為）があればXの溺死という結果の発生はなかったでしょうから、因果関係は肯定されることになります。

しかし、不作為と結果との間に因果関係が肯定されたとしても、それだけでは処罰すべき行為主体を特定できません。たとえば、親がわが子にミルクを与えないで餓死させた場合、隣人、親戚など、その子にミルクを与えることができた人全員の不作為に餓死という結果との間に因果関係が認められますので、その全員が行為主体になってしまいます。ですから、不作為犯の行為主体は、期待された作為を行う義務を負う者（この場合は親）だけと考えるべきであり、この義務を負う地位を「保障人的地位（作為義務者）」といいます。

では、作為義務は何を根拠にして生じるのでしょうか。まず、形式的な根拠として法令、契約、一般規範が挙げられます。たとえば法令としては、民法の親権者の監護義務に基づいて、親はわが子に授乳すべき義務を負います。次に、実質的な根拠として、法益保護を事実上引き受けたとか、何もしなければ結果が発生してしまう過程を支配した(結果を阻止できたのに放っておいた)などが挙げられます。

さらに、この作為義務に違反したといえるためには、前提として「作為可能性」が必要です。前述の湖の事例において、甲が泳げなかったとか、ほかに救助方法がなかったというような場合、作為可能性がないので、作為義務違反は否定されます。

注意すべきは、作為可能性は一定の作為が期待される時点での事前判断であるということです。これに対して、たとえば、この事例で、わが子が溺れていることを発見した時点で、仮に甲が急いで湖に飛び込んで救助行為をしたとしても、Xはすでに救助できない瀕死《ひんし》状態であって、いかなる救助行為をしても助からなかった場合には、作為可能性ではなく、結果回避可能性がなかったことになります。この結果回避可能性は、「義務違反と結果との因果関係」の問題であり、これがなければ因果関係がなくなり、甲の行為は、殺人未遂の成立にとどまるでしょう。

行為と結果との因果関係とは

因果関係とは、行為と結果との間の「原因―結果」の関係をいい、実行行為と結果との間の因果関係を意味します。たとえば、殺人罪の場合、殺人の実行行為と死亡との間に因果関係が肯定されれば殺人既遂罪となり、これが否定されれば殺人未遂罪となります。

次の事例を考えてみましょう。

「甲は、Xを殺害しようとして、Xに致死量の毒薬を飲ませたところ、その毒が効いてXが死亡した」

甲には、Xの生命に対する危険な行為があり、殺意もありますから、殺人罪の実行行為が認められます。それでは、甲の実行行為とXの死亡との間に因果関係はあるでしょうか。刑法における因果関係の判断は、2段階で行われます。

第1段階は「事実的因果関係」であり、「AなければBなし」という条件関係（仮定的消去法）による判断がなされます。事例では、甲が致死量の毒を飲ませなければXが死ぬことはなかったわけですから、事実的因果関係は肯定されます。

第2段階は「法的因果関係」であり、実行行為によって創出された危険が結果へと現実化したか否か（危険の現実化）が判断されます。ここでは、一定の行為によって法益に対する許されない危険が惹《ひ》き起こされ（危険創出）、その危険が結果へと現実化したか否か（危険実現）が判断されます。

事例では、甲の実行行為はXに致死量の毒薬を飲ませる行為であり、それによってXの生命に対する許されない危険が惹き起こされ（危険創出）、その危険がXの死という結果を実現した（危険実現）といえます。したがって、法的因果関係も認められ、甲には、殺人（既遂）罪が成立することになります。

今の事例はシンプルでしたが、では次の事例はどうでしょうか。

「甲は、Xを殺害しようとして、Xをナイフで刺突し、重傷を負わせた。Xは第三者YによってZ病院に運ばれ、なんとか一命を取り留めた。しかし、翌日、Z病院で火災が発生し、入院中のXは逃げ遅れて焼死した」

この事例で、甲の刺突行為とXの焼死との間に因果関係が認められれば、甲には殺人罪が成立し、因果関係が認められなければ殺人未遂罪にとどまります。

まず、甲がXをナイフで刺突しなければ、XはYによってZ病院に運ばれることもなく、さらに、Z病院の火災で死ぬこともなかったので、事実的因果関係は認められます。次に、法的因果関係としての「危険の現実化」は認められるでしょうか。危険創出については、甲がXを刺突した行為は、Xの生命に対する許されない危険を惹き起こしたといえます。しかし、危険実現については、病院の火災は、ナイフの刺突という危険からは通常起こり得ない危険であり、それによってXは焼死しているので、甲によって創出された危険が現実化したとはいえないでしょう。したがって、甲の実行行為とXの死亡との間には法的因果関係は認められず、甲は殺人未遂罪にとどまることになります。

危険の現実化

「危険の現実化」がどういう場合に認められるかについては、これまでの判例（裁判の先例）の集積によって、次の3類型があるといえるでしょう。

第1類型は、介在する事情がもとの行為の危険性を上回るものでない場合です。たとえば、「大阪南港事件」がこれです。

「甲は、Xの頭部等を多数回殴打し、Xに脳出血を発生させて意識喪失状態に陥らせた後、Xを大阪南港の資材置き場まで自動車で運搬し、放置して立ち去ったところ、Xは翌日未明、同所で脳出血により死亡した。しかし、資材置き場で倒れていたXは、生存中に第三者の何者かによって角材で頭頂部を数回殴打されており、その暴行は既に発生していた脳出血を拡大させ、幾分か死期を早める影響をもつものであった」

最高裁（1990年）は、因果関係を肯定し、甲に傷害致死罪の成立を認めました。甲の行為の危険が大きく、それが死因となって死亡したのだから、第三者の故意行為が介在していても、危険の現実化を肯定できるというわけです。

第2類型は、介在事情が行為の危険を上回り、結果発生の新たな危険を生じさせた場合でも、介在事情が行為によって誘発されたなど、行為のコントロール下にある場合です。たとえば、「高速道路進入事件」がこれです。

「甲らは、深夜公園でXに対して2時間以上にわたり暴行を加えた後、マンション居室においてさらに暴行を加えていたが、隣人が騒音の苦情で訪れたすきに、Xは居室から逃走した。逃走開始から約10分後、Xは甲らの追跡から逃れるため、マンションから約

800m離れた高速道路に進入し、疾走してきた自動車に衝突され、後続の自動車に轢《ひ》かれて死亡した」

最高裁(2003年)は、甲らの暴行行為とXの轢死《れきし》との間の因果関係を肯定して傷害致死罪の成立を認めました。Xの死亡は自動車に轢かれたことによるものであるにもかかわらず因果関係が肯定されたのは、Xは恐怖心という心理的圧迫から高速道路に進入したのであり、その心理的状況は甲らの暴行によって誘発されたものであると解されたことにあります。これは危険の現実化が間接的に肯定される類型といえます。

これに対して、介在事情が行為の危険を上回り、結果発生の新たな危険を生じさせ、さらに、それが行為と独立したものである場合には、原則として行為による危険が現実化したと評価できないでしょう。

第3類型は、当初の行為により危険状況が設定され、その危険状況の現実化と評価できる場合です。「トランク事件」がこれです。

「甲らは、深夜、駐車場でXを自動車後部のトランクに押し込んだ状態で同車を発進させ、5分後コンビニ前に停車した。停車地点は直線の見通しのよい道路上であったが、停車から数分たった頃、前方不注意のYが運転する自動車が時速約60kmで追突した結果、トランク内のXは頸髄《けいずい》挫傷で死亡した」

最高裁（2006年）は、甲らの監禁行為とX死亡との間に因果関係を肯定して監禁致死罪の成立を認めました。ここでは、設定された危険状況における危険が現実化したという判断が行われたわけです。

4 「わざと」と「うっかり」

故意とはどんなものかしら

「夜もすがら　独りひもとく六法に　恋といふ字は　見出でざりけり」（弁護士黒田了一氏の作）という短歌があります。この歌が詠まれた頃は六法全書に「恋」という文字はなかったということです。しかし現在では、ストーカー行為等規制法に「恋愛感情」の文言が使われており、「恋」という字は存在します。

恋が難しいように、「故意」も難しい問題です。構成要件該当性の判断においては、客観的構成要件要素が充たされた後、主観的構成要件要素として故意あるいは過失の存否が問題となります。

たとえば、レストランで食事中、うっかりワインのボトルを床に落として割ってしまった場合、器物損壊罪は成立しません。しかし、そのレストランに恨みを持つ者がわざとワインのボトルを床にたたき付けて割った場合には、器物損壊罪が成立します。

刑法においては、後者の「わざと」行った行為を「故意犯」といい、前者の「うっかり」行った行為を「過失犯」といいます。刑法38条1項は、「罪を犯す意思がない行為は、罰しない。ただし、法律に特別の規定がある場合は、この限りでない」と規定して、故意犯処罰を原則とし、例外として過失犯を処罰する場合には規定が必要であることを明らかにしています。

故意が認められるためには、行為者が「構成要件に該当する事実」を「認識」する必要があります。「構成要件に該当する事実」とは、殺人罪でいえば、客体は「人」、結果は「人の死」であり、行為による危険創出とその危険の結果の実現は「因果関係」です。そして、自己の行為が生命に対する危険性を有することなどを認識していれば、殺人罪の故意、すなわち殺意が認められるでしょう。

未必の故意

故意が認められるためには、犯罪事実の「認識」だけでなく、犯罪事実の「認容」が必要であるというのが一般的な見解です。では、「認容」とは、どういう心理状態なのでしょうか。「認容」とは、犯罪の結果が発生しても「仕方ない」「かまわない」などの心理状態をいいます。たとえば、次の事例を考えてください。

「甲は、かつていじめを受けた母校の中学校の校舎に放火しようと意図し、真夜中に校舎に侵入し、校舎の一部に放火したところ、校舎は全焼し、宿直の職員Xが焼死した。甲は、校舎内に宿直の教職員がいるだろうが、その人たちは避難するので、大丈夫だろうと思っていた」

この場合、甲は、不確実なものとしてではありますが、校舎内に宿直員がいることを認識しています。犯罪事実の「認識」だけで故意が認められるとすると、甲には殺人罪が成立することになります。しかし、甲は、人の存在を認識しつつ、火はその人たちには及ばず、「大丈夫だろう」と思っていたわけで、これは、「わざと」の世界ではなく、

「うっかり」の世界です。

たとえば、「火がその人たちに燃え移っても仕方ない」とか「かまわない」と思っていた場合は、「認容」が存在しますので、殺人の故意が認められます。この事例では、甲にはこの「認容」がありませんので、殺人の故意は認められず、Xに対する過失致死罪が成立する余地があるだけです。

すなわち、故意が認められるためには、犯罪事実の認識と認容が必要です。この事例で甲は、結果の発生を不確定的に認識していますが、（不注意にも）これを打ち消しています。これは、犯罪事実の認識はあるけれども、認容がない心理状態として、「認識ある過失」といいます。これに対して、「仕方ない」とか「かまわない」と思っていた場合は、犯罪事実の認識と認容がある心理状態として、「未必の故意」といいます。

故意の種類としては、未必の故意のほかに、択一的故意（並んで立っているAとB2人のうちどちらか1人に命中させることを意図し、それに発砲するような場合）、概括的故意（テロリストが不特定の多数の人を爆死させる意図で、人混みの多い場所に時限爆弾を仕掛けて爆発させ、多数の人を負傷させ、死亡させたような場合）などがあります。

故意を否定する錯誤がある

「錯誤」とは、主観と客観との食い違いです。この食い違いには、「事実」の食い違いと「評価」の食い違いとがあります。行為者が認識した主観的な犯罪事実と現に発生した客観的な犯罪事実とが一致しない場合を「事実の錯誤」といいます。これに対して、事実の認識に欠けるところはないけれども、自己の行為が違法であるのに違法でないと誤信する場合を「違法性の錯誤」といいます。

事実の錯誤は、構成要件に該当する事実について錯誤がある場合で、（構成要件的）故意が阻却される（否定される）可能性があります。

また事実の錯誤には、同じ構成要件内の錯誤である「具体的事実の錯誤」と、異なる構成要件間の錯誤である「抽象的事実の錯誤」とがあります。たとえば、目の前にいるAという人物を殺害しようとピストルを発射して射殺したら実はBという人物で、Bを死亡させた場合、殺人罪の故意で殺人罪を犯したことになるので、具体的事実の錯誤に当たります。同じくAに向けて発砲したら、Aが連れていたAの犬に当たり犬を死亡させた場合、殺人罪の故意で器物損壊罪を犯したことになるので、抽象的事実の錯誤に当たります。

構成要件要素による分類として、客体の錯誤（先ほどの、Aを殺害したつもりであったが実はそれはBであった場合）、方法の錯誤（Aを射殺しようとして発射した弾丸が意外にも傍らにいたBに命中してBを死亡させた場合）、因果関係の錯誤（Aを溺死させようとして橋の上から突き落としたところ、Aが橋桁に頭をぶつけて死亡した場合）などがあります。

とくに議論があるのは、具体的事実の錯誤における方法の錯誤です。前述したピストルで傍らにいたBを射殺した事例について、判例・通説は、Aに対する殺人未遂罪、Bに対する殺人既遂罪を肯定します。

すなわち、行為者の認識した事実と現に発生した事実とが構成要件的（法定的）に一致（符合）する限り、故意は阻却されないし、故意は複数認めることができるとするわけです。この考え方を「法定的符合説」（数故意犯説）といいます。

抽象的事実の錯誤について、刑法38条2項は、軽いA罪を犯す意思で重いB罪の結果を実現した場合のみを規定しています。この場合に、重いB罪の成立が認められないのは、責任主義（「責任なければ刑罰なし」）からは当然のことです。故意の認識対象は、一定の構成要件に該当する事実であり、異なる構成要件間の錯誤の場合には、原則として、その発生事実に対して故意を認めることはできません。

もっとも、構成要件には、法益、行為などの点で同質のものがあり、重なり合いが認められることがあります。たとえば、窃盗罪と強盗罪とは、軽い窃盗罪の限度で構成要件の重なり合いが認められ、窃盗罪が成立します。条文は異なっていても、それを解釈して形成される構成要件には同質で、重なり合っているものがあるというわけです。

過失犯の構造

次は、「うっかり」が犯罪となる過失犯についてお話しします。

過失とは不注意であり、不注意とは、注意すべきだったのにしなかったという、注意義務に違反することです。

問題は、この注意義務違反の内容です。まず、結果が発生することを予見できたか（結果予見可能性）が前提となり、予見できるならば予見しなければならないという義務

（結果予見義務）が生じ、次に、結果の発生を回避できたか（結果回避可能性）が前提となり、回避できるならば回避しなければならないという義務（結果回避義務）が生じます。すなわち、注意義務は、結果予見義務と結果回避義務から構成されています。

まず、結果予見可能性ですが、判例・通説は、具体的結果の予見可能性として、「結果の発生に至る因果関係の基本的部分」についての予見可能性で足りるとしています。これは、故意犯は結果の予見、過失犯は結果の予見「可能性」と解するものです。

しかし、故意犯の場合、たとえば、殺人罪では「人を殺すな」という行為規範が妥当しますが、過失犯の場合、このような行為規範は妥当しません。たとえば、過失致死罪なら「人を死に至らす危険状況においては、それを回避するよう注意して行為せよ、あるいは注意してその危険な行為をするな」という行為規範が妥当します。過失犯の場合、たとえば、「人の死」という結果それ自体は行為を方向づける行為規範とはならないのです。

したがって、過失犯においては、そもそも結果の具体的予見可能性を要求することは不可能なので、結果の具体的予見可能性ではなく、結果に対する「一般人の危惧感」、つまり、結果の抽象的予見可能性で足りることになります。

次の事例を考えてみましょう。

「甲は、助手席にAを乗せて普通貨物自動車を運転中、制限速度の2倍以上の高速度で走行したため、ハンドル操作を誤って信号柱に自車の荷台を激突させた。その結果、Aが負傷したのみならず、後部荷台に無断で同乗していたXとY（甲はこの2人の存在を認識していなかった）が死亡した」

この場合、抽象的予見可能性説によれば、高速度で運転すれば、交通に関わる人々に死傷結果が発生することの危惧感ないし不安感はあることから、XとYの死亡結果についても抽象的予見可能性が肯定されることになるでしょう。したがって、Aに対して過失運転致傷罪、XとYに対して過失運転致死罪（自動車運転死傷行為等処罰法）が成立します。

次に結果回避義務ですが、その前提として結果回避可能性が必要です。次の事例を考えてみましょう。

「タクシー運転手の甲は、交差点の対面信号が黄色点滅であるにもかかわらず、交差点に徐行しないで進入したところ、交差道路を暴走してきたX車と衝突した。その結果、タクシーの乗客Aが死亡したが、かりに甲が徐行していたとしても、衝突は避けられなかった」

まず、甲には結果予見可能性があり、徐行措置をとることも可能ですから徐行義務が肯定されます。問題は、かりに甲が徐行していたとしても衝突は避けられず結果が発生したということ、つまり、結果回避可能性がないことです。

この場合、結果回避措置である徐行措置をとって徐行義務を履行したとしても結果は発生するのですから、注意義務違反と結果発生との間に因果関係が存在しないことになります。すなわち、過失の実行行為は存在しますが、因果関係が存在せず、過失犯の未遂となります。過失犯は既遂しか処罰されませんので、結局、甲の行為は罰することができないのです。

5　犯罪が未完成のとき

未遂犯

犯罪の結果が発生しなかった場合や因果関係がなかった場合を未遂犯と言います。未遂の場合はすべて処罰されるわけではなく、「未遂を罰する場合は、各本条で定める」と規定されています。

刑法43条は、本文において未遂犯、ただし書において中止犯を規定しています。「犯罪の実行に着手して……」と規定されており、「実行の着手」が未遂犯成立のために必要です。それでは、実行の着手時期はいつでしょうか。学説は多岐にわたっています。また、判例の立場も、必ずしも明らかではありませんが、犯罪計画、法益への危険などを考慮していることは確かでしょう。もっとも、犯罪態様や各犯罪ごとに実行の着手時期を検討することが必要であり、最近では、特殊詐欺などの事案につき、詐欺罪の実行の着手時期を早い段階で認める傾向にあります。

不能犯

法益への危険が発生したといえる場合に未遂犯となるのに対して、結果の発生が不能な場合を不能犯といい、犯罪不成立となります。

不能犯では、この「危険」をどのように考えるかが問題となります。たとえば、行為当時、一般人が認識し得た事情および行為者がとくに認識していた事情を判断の基礎として、一般人の立場から危険を感じる場合が未遂犯、感じない場合が不能犯とする考え方（具体的危険説）があります。これに対し、科学的な因果法則に基づいた法益侵害の可能性の物理的・客観的判断を行う考え方（客観的危険説）もあります。ですが、これを貫くと、結果が発生しなかった場合、それはすべて必然となってしまい、不能犯になってしまいます。そこで、客観的危険説を基礎としても、それを修正する必要があるわけです。

中止犯

中止犯は、犯罪の実行に着手したものの、自己の意思によって犯罪を中止することをいます。中止犯の場合、刑が必要的に減軽または免除されます。その理由については、犯罪の完成を未然に防止しようとする刑事政策的な考慮を基礎としつつ、中止行為によって違法が減少する、中止行為者の責任が減少すると解するなど学説が分かれています。

6　犯罪に複数の者が関与するとき

犯罪に複数の者が関与する場合、問題はより複雑化します。これを論じるのが共犯論です。全体像として、犯罪は正犯と共犯（狭義）とに分かれています。まず正犯とは刑法各則に規定されている犯罪（基本的構成要件）を単独で実現する場合をいうのに対し、共犯とは2人以上の者が犯罪の実現に関与する場合をいいます。正犯には、直接正犯と間接正犯があり、共犯には、共同正犯、教唆《きょうさ》犯、幇助《ほうじょ》犯（従犯）があります。共同正犯は正犯性と共犯性を併せ持っていますが、教唆犯と幇助犯は共犯性のみを持っており、狭義の共犯といわれます。

間接正犯

間接正犯とは、他人を道具として利用して犯罪を実現する場合をいいます。たとえば、まだ物事の判断がつかないような子どもをそそのかして、コンビニにあるお菓子を取ってこさせるというような場合です。すなわち、間接正犯は、利用者の利用行為と被利用者の行為とからなり、被利用者の行為が道具的性格を有するときには、間接正犯が肯定されますので、この事例の利用者には窃盗罪の間接正犯が成立します。

しかし、間接正犯の正犯性を積極的に根拠づける必要があり、いくつかの考え方があります。正犯が犯罪事象の中心形態であることから、犯罪事実を優越的に支配していたことに求めるのが妥当でしょう。

共同正犯

刑法典には、複数の者が犯罪に関与した場合について、共同正犯、教唆犯（人をそそのかして犯罪を実行させる行為）、幇助犯（正犯者の行為を助ける行為）の3類型が規定されています。

たとえば、甲と乙が強盗を共謀し、銀行に立ち入り、甲が銀行員らに暴行・脅迫を行い、その間に、乙が現金等を奪取するという事案を考えてみます。甲と乙それぞれ単独では、甲は暴行罪あるいは脅迫罪であり、乙は、窃盗罪です。しかし、この2人は強盗罪の共同正犯となります。このように、共同正犯の成立が認められる場合、「一部実行全部責任」という効果が生じることになります。

とくに、幇助犯だけ「刑を減軽する」と規定されていますので、複数の者が関与する事案を検討する際にはそれが共同正犯か幇助犯かが重要となります。もっとも、判例実務上は「共謀」共同正犯でカバーされているのが現状です。

共謀共同正犯とは、2人以上の者が一定の犯罪の実行を共謀し、共謀者のある者が共謀にかかる犯罪を実行したときは、他の共謀者にも共同正犯が成立する場合をいいます。判例では、共謀共同正犯の成立要件は、「共謀」、「正犯性」、「一部の者の実行」とされています。一方的なコミュニケーションの類型である教唆犯の成立が認められるのは困難であり、「絶滅危惧種」となっています。

7　犯罪が犯罪ではなくなるとき

違法阻却

以上、行為が一定の構成要件に該当すれば、通常は犯罪の成立が認められます。しかし、例外的に犯罪ではなくなる場合があり、その1つが「違法阻却」です。これは、ある行為が犯罪になるように見えても、その行為を正当とする理由があるために、犯罪とならないことを言います。

違法を阻却する事由には緊急行為と一般的正当行為とがあり、緊急行為には正当防衛、緊急避難などが、一般的正当行為には、正当行為・法令行為、被害者の承諾などがあります。

違法阻却の一般原理は、利益と利益が衝突する状況において、優越的利益の原理（守ろうとした利益が侵害した利益よりも大きい場合に違法阻却を認める原理）が基本となるべきでしょう。その際、当該行為の態様、危険性なども考慮されることになります。もっとも、それぞれの違法阻却事由には固有の根拠があり、それらの方が事案解決においては重要といえるでしょう。

正当防衛

そこでまず、正当防衛です。正当防衛については、国によって理解がだいぶ異なり、日本では、アメリカなどと異なり、正当防衛の成立範囲はかなり限定されています。

正当防衛の成立要件は、他人の違法な行為により、現に法益が侵害されているか、法益侵害が差し迫っている状態（急迫不正の侵害）という正当防衛「状況」と、これに対する正当防衛「行為」（自己または他人の権利・防衛の意思・反撃行為・防衛行為の相当性——ふさわしさ）とから構成されています。

次の事例を考えてみましょう。

「甲は、夜道を歩いていたら、前方から歩いてきたXが突然金属バットで殴りかかってきたので、自分の身を守るために、Xの足を引っかけて転倒させ、その隙に逃げた。Xは、転倒した際に全治2週間の傷害を負った」

まず、甲は、Xに対して暴行を加えて負傷させていることから、傷害罪の構成要件に該当します。しかし、みなさんも、すぐに正当防衛を思い浮かべたのではないでしょうか。防衛状況については、①急迫（突然Xが殴りかかってきた）、②不正（違法な攻撃）、

③侵害（Xの生命・身体という法益に危険を及ぼしている）が認められます。防衛行為については、④自己の権利（甲の身体）、⑤防衛の意思を有する反撃行為（身を守るための行為）、⑥防衛行為の相当性（金属バットの侵害に対して足をかける程度の反撃行為）も肯定できますから、甲には正当防衛が成立し、傷害行為の違法が阻却されます。

正当防衛の根拠はどこに求められるでしょうか。防衛行為者の「優越的利益」に求める考え方、自己保存本能に由来する「自己保護の原則」と法秩序保護に由来する「正の確証」という2つの原理に求める考え方、さらに、正当防衛においては「侵害回避義務」がないとする考え方などがあります。

いずれにせよ、正当防衛においては、国家が防衛行為者を保護できない緊急状況のもとで、防衛行為者は、国家に対して自己の有する自由・権利を要求し、急迫不正の侵害に対抗する権利を有するという意味で、正当防衛は権利であると解されます。

防衛行為をやりすぎると

防衛行為の「相当性（ふさわしさ）」について、判例は「必要性」（侵害者からの攻撃を防止するために必要なものであること）、「対応性」（防衛手段の内容が侵害者からの攻撃の程度に対応したものであること）、および、「ソフトな均衡性」（防衛しようとした法益と侵害した法益とが著しくつり合いを失していないこと）を要求しています。この相当性を逸脱した場合には、「過剰防衛」となり、情状により刑が減軽または免除されます。

過剰防衛には、質的過剰（相当性の程度を超えて強い反撃行為を加えた場合）と量的過剰（攻撃者がすでに侵害をやめたのに反撃を続けた場合）とがあります。量的過剰の場合、差し迫った侵害が終了した後の反撃ですから、前半の反撃行為と後半の違法行為とを総合した全体として過剰防衛となるのか、それとも、前半は正当防衛行為、後半は違法行為と分断して判断されるのかが問題となります。判例は、一連の行為と評価して全体として過剰防衛の成立を認める傾向にありますが、例外として、次のような事案がありま す。

「甲は、Xが灰皿を投げつけてきたので、Xの顔面を殴打してXを転倒させた（第1暴行）ところ、Xは倒れて動かなくなり、甲はそれを認識しつつも、おれに勝てるつもりなのかと言いながらXの腹部を足蹴にするなどの暴行を加えた（第2暴行）結果、Xは第1暴行による傷害が死因となって死亡した」

最高裁（2008年）は、第1暴行は正当防衛であり、第2暴行はもっぱら攻撃意思で行われていることから、その間には断絶があり、死因を形成した第1暴行については正当防衛により傷害致死罪は成立せず、第2暴行による傷害結果だけの責任を負うとしました。この場合、防衛行為者の意思の一貫性（防衛意思の存在）が、行為の統合か分断かの判断において重要だといえます。

緊急避難

緊急避難の典型例は、「カルネアデスの板」です。船が難破して漂流している2人（甲・X）のそばを1枚の板が流れてきたのですが、1人しか乗れない板であったため、甲はXを溺殺させて自分だけ助かったという、ギリシャの哲学者カルネアデスが弟子たちに問いかけた事例です。

刑法上、甲の行為は殺人罪の構成要件に該当しますが、緊急避難が成立し、犯罪は成立しないこととなります。緊急避難の成立要件としては、現在の危難、保全法益、避難行為、補充性の原則、法益均衡の原則、相当性の原則が挙げられます。「自分の正当な利益」対「他者の正当な利益」という「正対正」の関係にありますので、成立要件が厳格です。

現在の危難は、人の行為のみならず、自然現象、疫病、動物による災害など、その原因が何であるかを問いません。保全法益は、「自己又は他人の生命、身体、自由又は財産」と規定されていますが、制限列挙ではなく、名誉や貞操なども含まれる例示列挙です。避難行為には、無関係の第三者の正当な利益を侵害する転嫁型（攻撃的緊急避難）と、危難の由来する側の正当な利益を侵害する反撃型（防御的緊急避難）とがあります。緊急避難にも、避難意思が必要です。

緊急避難を規定する刑法37条にある「やむを得ずにした行為」とは、正当防衛とは異なり、他にとるべき方法がなかったことを意味し、これを「補充性の原則」といいます。また、緊急避難が成立するためには、避難行為から生じた害が避けようとした害の程度を超えないことが必要で、これを「均衡性の原則」といいます。さらに、危難を回避するのに適切な手段でなければならないという「避難行為の相当性」も必要です。

「均衡性の原則」を逸脱した場合や相当性の程度を超えた場合は過剰避難となります。

被害者の同意があるとき

法益の主体が自己の法益への侵害に同意した場合、つまり被害者が侵害に同意した場合、その法益は、刑法上保護する必要がないことになります。その根拠は、利益不存在の原則や、行為の社会的相当性などの点に求められています。

被害者の同意については、いくつかの異なる法効果が生じます。たとえば、住居侵入罪や16歳以上の者に対する不同意性交等罪などの場合は、被害者の同意があれば、その構成要件には該当しません。逆に、たとえば、16歳未満の者へのわいせつ行為や性交行為などの場合は、被害者の同意があっても構成要件上意味がなく、犯罪が成立します。

また、同意殺人罪などの場合は、被害者の同意が違法減軽事由となっています。そして、被害者の同意が行為の違法を阻却するか否かが問題となる場合もあり、傷害罪を例に同意傷害の違法阻却の可否が議論されています。

同意の有効要件として、まず同意能力が必要ですし、同意の任意性も必要です。すなわち、同意は自由かつ真意に基づくことが必要で、強制による同意は無効です。

とくに問題となるのは、たとえば「偽装心中」のような錯誤による同意です。「合意心中」で片方が生き残った場合、理論上は自殺関与罪の構成要件に該当しますが、自分も不可罰な自殺未遂を行っていることから、適法（違法阻却）と解する余地もあります。これに対して、「無理心中」は、死ぬことの認識も意思もない人を無理矢理死に至らせるものですから、殺人罪が成立します。

それでは、偽装心中はどうでしょうか。たとえば、これまで支えてくれた交際相手が邪魔になり、「一緒に死のう」と言って、追って死ぬことを誤信させて相手を自殺させた場合です。この場合、被害者（相手）は死ぬことを認識していますが、その自殺の動機に錯誤があります。

判例は、相手の自殺意思は「真意に添わない重大な瑕疵《かし》ある意思」であるとして、自殺意思を無効とし、殺人罪の成立を認めました。

しかし、同意は当該の構成要件によって保護された法益（殺人罪では人の生命）を放棄する意思ですから、生命それ自体に関係する錯誤があった場合にだけ、その同意を無効とすべきでしょう。この考え方を「法益関係的錯誤説」といい、この考え方によれば、偽装心中は自殺関与罪となります。

責任なければ刑罰なし

行為が、構成要件に該当し、違法阻却事由が存在しないので違法であるとされただけでは、まだ犯罪は成立しません。さらに、責任阻却事由の存否を検討し、責任があるとされなければならないのです。これは「責任なければ刑罰なし」という責任主義による要請です。では、刑法における「責任」とは一体何でしょうか。

日常生活で、ある結果が「誰々のせいである」として非難が加えられるのは、その人がその結果を避けることができたのに、結果を発生させたからでしょう。しかし、幼児が突然走り出して人にぶつかり、ケガをさせた場合、その幼児を非難するでしょうか。むしろ、その幼児をちゃんと見ていなかった親を非難するかもしれません。

やや難しい言い方ですが、人間に「意思の自由」があることを前提に、人は別の行為をすることができたという「他行為可能性」が認められるからこそ、その人を非難することができるわけです（責任の問題はさらに第5章で検討します）。犯罪をしない選択が可能であったのに犯罪をしたことに対して、「けしからん」と非難するわけです。みなさんも、勉強することができるのにしないから、親は「勉強しろ」と叱るわけです。勉強することがそもそもできないのであれば、親は「勉強しろ」と怒らないでしょうね。

以下では、刑法における責任要素を概観しましょう。

責任能力とは何か

責任能力とは、違法行為を行ったことについて行為者に責任非難を加えるための要素であり、そうした責任のある状態で行為する能力のことです。刑法は、2つの類型に分け、刑法39条1項で「心神喪失者の行為は、罰しない」と責任無能力者を規定し、同条2項で「心神耗弱者の行為は、その刑を減軽する」と限定責任能力者を規定しています。

判例によれば、心神喪失とは、精神の障害により、行為の是非を弁識する能力（弁識能力）がないか、またはこの弁識に従って行動する能力（制御能力）のない状態です。心神耗弱とは、精神の障害により、弁識能力または制御能力が著しく減退した状態です。

この定義は、精神障害という生物学的要素と、弁識能力・制御能力という心理学的要素とを混合させた方法を用いるものです。

責任能力には生物学的要素が含まれていますが、責任能力の判断は「法的判断」であることに注意する必要があります。したがって、精神科医によって心神喪失とする鑑定結果が出された場合であっても、裁判所は、動機が理解できるものであるか（動機の了解可能性）や犯行の計画性などを考慮して、責任能力を肯定することがあります。

その具体的な判断基準をここで網羅することはできませんが、司法研究（司法研修所編『難解な法律概念と裁判員裁判』法曹会、２００９年）における「精神障害のためにその犯罪を犯したのか、もともとの人格に基づく判断によって犯したのか」という視点が参考になるでしょう。

たとえば、「統合失調症の圧倒的な影響によって犯したもので、もともとの人格に基づく判断によって犯したと評価できない場合」には、心神喪失が認められ、「統合失調症の影響を著しく受けているが、なお、もともとの人格に基づく判断によって犯したといえる部分も残っていると評価できる場合」には、心神耗弱が認められ、「統合失調症の影響があったとしても著しいものではなく、もともとの人格に基づく判断によって犯したと評価することができる場合」には、完全な責任能力が認められるということになるでしょう。このような判断形式は、統合失調症のほか、双極性障害、アルコール関連障害、薬物関連障害、広汎性発達障害、人格障害の場合にも有効とされています。

刑事責任を負わない年齢

14歳に満たない者は、責任無能力者とされます。この規定は、14歳未満の者が一律に弁識能力・制御能力を欠くということではなく、少年は精神の発達途上にあることから、刑法的な非難を加えるのは適当ではないとしたものです。

もっとも、少年法は、20歳未満の者を少年としており、少年の刑事事件はすべて家庭裁判所に送致されなければなりません。家庭裁判所は、保護観察、児童自立支援施設等への送致、少年院送致という保護処分を科すことができます。18歳未満の者に刑を科す場合には、つねに刑が減軽されます（死刑は無期刑に、無期刑は10年以上15年以下の懲役に）。

なお、２０００年の一部改正によって、14歳以上の犯罪少年は検察官送致（逮捕された被疑者や事件の証拠を検察官に引き継ぐこと。逆送）が可能となり、犯罪行為時に16歳以上の少年で殺人など故意の犯罪行為により被害者を死亡させた重大事件については、検察官送致が原則となりました。

さらに、２０２２年の一部改正によって、18・19歳は「特定少年」として、逆送決定後は20歳以上の者と原則同様に取り扱われ、17歳以下の者とは異なる取扱いがされています。たとえば、有期懲役刑の期間の上限は30年（17歳以下の少年の場合は15年）になります。

自分の行為は許されると誤解したとき

故意が存在しても、「違法性の意識」がない場合があります。すなわち、犯罪事実を認識していても、それを行うことは許されるのだと誤信しているため違法性の意識が存しない場合があり、これを「違法性の錯誤」といいます。

この違法性の錯誤は、故意との関係でどのように処理すべきかが問題となります。具体例として、たとえば、確信犯人のように、その人を殺すことが世のためになると思って実行するような場合が挙げられます。

これと対比されるのが、「事実の錯誤」です。たとえば、熊だと思って発砲したらそれが人であって、人が死亡した場合、相手が人であるという事実の認識がありませんから、殺人の故意は否定されます。かりに過失が認められれば、過失犯（業務上過失致死罪・重過失致死罪）しか成立しません。

判例は、基本的に、故意には違法性の意識を不要と解していますから、違法性の錯誤があっても影響せず、犯罪は成立します。これは、「法の不知は許さず」というローマ法の法諺《ほうげん》に由来するもので、国民は法を知るべきであるという権威主義的な考え方といえるでしょう。

しかし、やむを得ない事情のため、自分の行う行為が法律で禁じられた違法な行為だと思わず、違法性の意識を欠いていた場合、故意責任を肯定して行為者を非難することは、責任主義に反するといわざるを得ません。

もっとも、「百円札模造事件」（被告人は、飲食店開店の宣伝のために、表側は本物の旧百円札と同じようなものにして、裏側に広告を書いたものをサービス券として配布したが、事前に知り合いの警察官に見せたところ、誰が見ても紛らわしくないようにすれば良いとの助言を得て、1万枚印刷し、その後、さらに1万枚のサービス券を印刷した事案。通貨及び証券模造取締法違反の罪）で、最高裁（1987年）は、違法性の意識の可能性を問題としていますが、違法性の意識についての判例の考え方はなお流動的です。学説上も違法性の意識についてはなお論争がありますが、通説は、「違法性の意識の可能性」を、責任を認めるための要件としています。

適法行為をすることが期待できないとき

責任要素の最後は「期待可能性」です。期待可能性は、正確には「適法行為の期待可能性」というのですが、一定の状況の中で行為者が違法行為をやめて適法行為に出ることを期待できることをいいます。たとえば、極端な貧困でまったく食料を調達できない者が、パン店でパンを盗んだような場合、その者にパンを盗まないという適法行為を期待できないわけで、その場合には、責任非難をすることはできないのです。

期待可能性は、責任とは非難可能性であるという規範的責任論の軸となる概念であり、期待可能性がない場合は責任が阻却されます。期待可能性は法律に規定されていない超法規的な責任阻却事由ですが、刑罰法規の中には、期待可能性の趣旨を含んだ規定も存在します（たとえば、刑法36条2項の過剰防衛は、過剰になってしまうのは無理もないということから刑が減軽または免除されます）。

8　犯罪の数の数え方

以上のように、行為が構成要件に該当し、違法阻却事由・責任阻却事由が存在しない場合に、犯罪が成立します。しかし、現実の犯罪態様は多種多様であり、数個の犯罪が、同時にまたは連続して行われる場合もありますし、日時・場所を異にして行われる場合もあります。

このような場合に、数個の犯罪として処理するのか、1個の犯罪として処理するのかを論じるのが罪数論です。

罪数論は、一罪と数罪を分ける基準に関する理論ですから、犯罪論の一部に属しますが、数罪が成立した場合にこれをどのように処理するかを決めるのは第4章で述べる量刑論に属します。罪数論と量刑論とは不可分の関係にあるわけです。

1人の人を複数箇所傷つけたら罪は何個?

罪数では「構成要件」を基準として、1つの構成要件によって1回評価されるときが「一罪」、2回以上評価されるときが「数罪」となります。その際、法益、行為、犯意などが判断の軸となります。

たとえば殺人罪の場合、殺害行為は1個しかなくても、1人を殺せば一罪、2人以上を殺せば数罪となり、奪われた生命の数の殺人罪が成立します。また、傷害罪の場合、人の顔を手拳で殴ってケガをさせ、続けてその人の腕をナイフで切ったとき、傷害の数は2個(顔・腕)ですが、同一人の身体を傷害したということで傷害罪は一罪となります。

行為および犯意については、たとえば、甲がAを殺そうとして殺害行為に着手したが失敗し、一度はあきらめたものの、数年後、再び殺意をいだき、Aに殺害行為を行って死亡させた場合、奪われた生命は1個ですが、殺害行為は2個で一個性に欠けますし、また、犯意も単一ではなく、2個あるので、行為と犯意はそれぞれ2個あることになり、殺人未遂罪と殺人既遂罪の二罪となります。

ある犯罪事実が、A罪の構成要件に該当するようにも見えるけれども、他のB罪の構成要件に該当することによって、A罪の構成要件該当性が排除される場合があります。たとえば、業務上横領罪が成立する場合には、単純横領罪は成立せず、同意殺人罪が成立する場合には、普通殺人罪は成立しません。これは、構成要件を規定する条文相互の関係によるもので、「法条競合」といいます。

また、ある犯罪事実が構成要件に数回該当する場合、1回の構成要件的評価に包括すべき場合を「包括一罪」といいます。たとえば、人を逮捕して引き続き監禁する場合は、全体を包括して刑法220条1項（「不法に人を逮捕し、又は監禁した者は、3月以上7年以下の懲役に処する」）の罪が一罪成立しますし、1個の欺く行為により、財物（個体・液体・気体などの有体物）をだまし取ると同時に、さらに財産上の利益（債権の取得、支払い猶予などの財産的利益）をだまし取った場合には、財物への詐欺と利益への詐欺の全体を包括して刑法246条の詐欺罪が1個成立します。

複数の犯罪を1個の犯罪であるかのように刑を科すとき

複数の犯罪が成立して競合しているけれども、刑を科す上で、「最も重い刑」によって処断し、あたかも一罪の刑のように処理するものを「科刑上一罪」といい、「観念的競合」と「牽連犯《けんれんはん》」とが規定されています。

観念的競合とは、1個の行為が数個の罪名に触れるものをいいます。たとえば、1回の発砲行為で2人を死亡させた場合（2個の殺人罪）、石を1個投げて人を傷つけ、同時に物を壊した場合（傷害罪と器物損壊罪）などがこれです。

複数の犯罪が観念的競合の関係にあるときは、それぞれの罪名に対応する法定刑のうち、上限も下限も最も重いものによって処断します。したがって、1つ目の罪の法定刑が「1月以上10年以下の懲役」、2つ目の罪の法定刑が「3月以上5年以下の懲役」である場合、処断刑は「3月以上10年以下の懲役」となります。

牽連犯とは、数個の罪の間に手段・目的または原因・結果の関係のあるものをいいます。たとえば、住居に侵入して金品を盗んだ場合は、住居侵入罪と窃盗罪、住居に侵入して家人を殺害した場合は、住居侵入罪と殺人罪などが牽連犯となります。これに対して、牽連犯とならないのは、人を殺害し、その死体を海に捨てた場合の殺人罪と死体遺棄罪、人をマンションに監禁し、そこで恐喝した場合の監禁罪と恐喝罪などです。この違いは、成立した数罪の間に、犯罪の性質上一般に手段と結果の関係が認められるか否かによります。

数個の罪を一括処理する場合

併合罪とは、厳密には「確定裁判を経ていない2個以上の罪」をいいますが、とりあえず、一罪として扱われない複数の罪をいうと解しておけば足りるでしょう。犯人が一罪として扱われない複数の罪を犯し、いまだ確定裁判を経ていない場合、個別に処理するのではなく、同じ裁判にかけて一括して処理しているわけです。

併合罪のうちの2個以上の罪について有期懲役に処するときは、その最も重い罪について定めた刑の長期にその2分の1を加えたものを長期とします。要するに、一番重い罪の法定刑の上限が1・5倍になるわけです。しかし、有期の懲役の場合は20年が上限ですので、1・5倍すると30年になります。そして、刑法14条2項によって30年までしか刑を重くできないので、30年が上限となります。

たとえば、Xを殴ってケガをさせ、その後、Y電気店から電化製品を万引きした場合、傷害罪と窃盗罪が成立し、併合罪となります。この場合、傷害罪の法定刑の上限は懲役15年、窃盗罪の法定刑の上限は懲役10年ですから、懲役15年を1・5倍し、懲役22・5年（22年6月）が上限となります（アメリカでは、成立したすべての犯罪の刑を加算していく方式なので、懲役何百年ということもありうるわけです）。

これに対して、Xを殴ってケガをさせ、その後、Y電気店の電化製品を壊した場合、傷害罪と器物損壊罪が成立し、併合罪となりますが、上限は懲役22・5年（22年6月）とはなりません。というのは、器物損壊罪の法定刑の上限は懲役3年ですから、刑法47条ただし書（「それぞれの罪について定めた刑の長期の合計を超えることはできない」）ことにより、15年＋3年＝18年が上限となるからです。

新潟監禁事件で議論されたこと

併合罪で加重する方法については、「新潟監禁事件」で問題となりました。被告人が小学生の女の子を自宅内に9年2か月もの長期にわたって監禁し、傷害を負わせたほか、監禁中の女の子に着せるため2500円相当の下着を窃取したというもので、この場合、監禁致傷罪と窃盗罪が成立し、併合罪となりました。

当時の監禁致傷罪の法定刑の上限は懲役10年（現在は15年）、窃盗罪のそれも10年なので、刑法47条によって、10年の1・5倍で15年以下となります。しかし、2審の東京高裁は、併合罪を構成する個別の罪につき、その法定刑を超える趣旨のものとすることは許されず、監禁致傷罪と窃盗罪の併合罪全体に対する刑を量定する際には、監禁致傷罪については最長でも懲役10年の限度で評価すべきとして、懲役11年を言い渡しました。すなわち、窃盗罪はきわめて軽微であり、1年以下が相当の事例であることから、その1年を足しても11年が上限であるという判断をしたわけです。

これに対して最高裁（2003年）は、刑法47条は、併合罪の各罪全体に対する統一刑を処断刑として形成し、この処断刑の範囲内で、各罪全体に対する具体的な刑を決する規定であり、併合罪の各罪についてあらかじめ個別的な量刑判断を行った上でこれを合算するようなことは、法律上予定されていないとして、監禁致傷罪と窃盗罪の併合罪加重によって15年の処断刑を形成し、被告人に懲役14年を言い渡しました。

以上、量刑に至るための「犯罪行為」と「刑事責任」という2つの関門について説明してきました。ともかく、一定の行為が犯罪であることを確定し、その行為の違法の内容、責任の内容などを確認することが、量刑判断をするための前提です。

次は、量刑判断にとって重要な視点となる「刑罰論」に向かうことにしましょう。ただ、刑罰論については第1章ですでに基本的な点は説明しましたので、ここでは「処遇論」を中心に説明します。

処遇論とは、罪を犯した者について、その人権を尊重しつつ、個々の犯罪者の状況に応じた適切な取り扱いをどのように行うべきかを考えるもので、「刑罰論は処遇論の理解なくして語るべからず」といわれます。もっとも、その前に、ちょっと寄り道して、「刑法における人間像」についてお話しします。

第3章　処遇論の世界

1　刑法が前提にしている人間像

人間に自由意思はあるのか？

実は、刑罰の本質・目的についての論争の根底には、人間には「自由意思」があるのかという困難な問題が横たわっています。

刑罰は科すことそれ自体に意味があるという応報論の考え方では、人間には自由意思があり、犯罪を行うことを選ぶことも、選ばないこともできる存在であるから、犯罪を行うことを選んだ犯罪者に対しては「けしからん」という法的非難ができるというわけです。また、刑罰は一般人に対する威嚇のためにある（消極的）一般予防論も「自由意思」の存在を前提としており、人間は合理的な選択ができるから、事前に刑罰によって威嚇しておけば、その不利益を考慮して犯罪をやめるだろうという立場になります。これに対して、刑罰は改善・教育のためにあるという特別予防論は「自由意思」の存在など幻想にすぎないとして、犯罪は「素質・環境」の産物であると考えます。

自由意思を肯定する見解（非決定論）と自由意思を否定する見解（決定論）の争いは、刑法学上ではいわゆる「学派の争い」として展開されました。

自由意思を肯定する立場は古典学派（旧派）と称され、啓蒙《けいもう》思想に基づく近代刑法の出発点を形成しました。自由意思を否定する立場は近代学派（新派）と称され、犯罪は素質と環境によって決定されたものだと主張しました。これは、19世紀後半以降の資本主義の発展により、景気の変動や人口の都市集中に伴い、貧困・失業・疫病などの社会問題を発生させ、その結果、犯罪とくに常習犯の増加をもたらしたこと、新技術の発明、発見によって自然科学的な実証主義の立場から犯罪および犯罪者の研究が行われるようになったことなどから、犯罪は必然の産物であるという認識がもたらされたわけです（自由意思の問題については、さらに第5章で検討します）。

人間をどのように捉えるか

自由意思の論争は、刑法の対象である「人間」をどのように捉えるかに関連していま
す。

古典学派における人間像は、自由意思を有する合理的で理性的な人間です（合理的人間像）。これに対して、近代学派における人間像は、自由意思を持たず、素質と環境に決定された人間です（宿命的人間像）。

しかし、現在では、両者を総合する考え方が一般的になっています。すなわち、人間は、たしかに、素質と環境に決定されているが、逆に、これを決定していく自由があるという考え方がこれであり、「相対的非決定論」と称されています（「決定されながらも決定していく」という主体的人間像）。この考え方に立脚するならば、自由な部分に対しては非難を行い、決定されている部分に対しては改善を行うということになります。

刑法だけでなく法一般が一定の人間像を前提として構築されていますが、法の対象とする人間は抽象的な人間であることに注意する必要があります。それはあくまでも抽象化された観念的な「人」にすぎないのです。それが法であり、またそこに法の意義と限界があるといわねばなりません。

ところが、その「観念的な人間像」に対して、今日、深刻な問題が提起されています。すなわち、抽象的な人間ではなく具体的な人間、たとえば、女性、子ども、少年、被害者、外国人、高齢者、障害者などを考察の対象として論ずべきだとする主張が多方面からなされたのです。画一的、普遍的な抽象的な法の世界に替わって、差異的、特殊的な具体的な人間像が入り込んできて、具体的な法の世界を志向すべきだと迫ってきたのですから、法の世界は震撼《しんかん》せざるを得ません。これは、近代法と現代法との対立と考えることもできますが、いずれにせよ、法の課題はますます重くなってきたといえるでしょう。

しかし、人間を突きつめていくと、もっぱら合理的でもなく、不合理的でもなく、両者が混在しており、結局は、カミュのいう「不条理」に行き着いてしまうように思われます。カミュが描くのは、矛盾に満ちた、筋の通らない生き物としての人間です。そうであれば、矛盾に満ちた生き物である人間をコントロールする法の世界が困難に満ちていることは当たり前であり、驚くに値しないともいえるでしょう。その困難な状況を打開するために、合理性や科学性だけを追求して処理しようとしても、そもそも不可能ですし、かえって逆効果となるかもしれません。人間の不条理性と真っ向から衝突することになって、いずれシステムは破綻してしまうからです。

ですから、むしろ、人間の不条理性を正面から素直に受けいれることから出発すべきであるように思います。犯罪の問題については、このような人間の不条理さを念頭において考えていくことが重要であると思います。善と悪が混在し、矛盾に満ちているのが人間です。では、このような人間像を前提とした刑法学とはどのようなものなのでしょうか。

2　犯罪者の処遇を考える

処遇論とは何か

裁判において懲役刑が言い渡され、その刑が重いとか軽いとか判断する際に、その刑の内容を知らない人が多いのではないかと思います。刑務所に入れることによって犯罪者を社会から隔離することだけを念頭において刑の重さを考えているとしたら、あまりに一面的です。刑務所では、受刑者の処遇が行われているからです。

すなわち、刑務所内では、受刑者を改善更生させ、その社会復帰を図ることによって再犯を防止しているわけです。その意味で、処遇段階においては、第1章で述べた「特別予防」が主な目的とされています。

処遇には、刑務所等の刑事施設内で行われる「施設内処遇」と、刑事施設外で行われる「社会内処遇」（たとえば、執行猶予期間中に付される保護観察など）とがあります。また、警察による犯人の検挙から裁判所による判決言渡しまでの過程における処遇を「司法的処遇」といいます。

「処遇論」とは、こうした処遇についてどうあるべきかを理論的・実践的に考察することなのです。

拘禁刑創設の意義

２０２２年６月13日、「刑法等の一部を改正する法律」が成立し、懲役と禁錮の区別が廃止され、「拘禁刑」として単一化されました（施行日は２０２５年６月１日）。

改正前は「懲役は、刑事施設に拘置して所定の作業を行わせる」（12条２項）、「禁錮は、刑事施設に拘置する」（13条2項）と規定されていましたが、改正後の12条は「（1項）拘禁刑は、無期及び有期とし、有期拘禁刑は、1月以上20年以下とする。（2項）拘禁刑は、刑事施設に拘置する。（3項）拘禁刑に処せられた者には、改善更生を図るため、必要な作業を行わせ、又は必要な指導を行うことができる」と規定しました。

懲役と禁錮は、前者が道徳的に非難される破廉恥犯（法律に違反するだけでなく、道徳的にも許されない内容の犯罪。窃盗・詐欺・贈収賄・放火・殺人など）に、後者が政治犯や過失犯などの非破廉恥犯に、ということで区別されていましたが、犯罪を破廉恥犯と非破廉恥犯に画一的に区別することに意味などなく、犯罪行為者の動機・心情等を考慮して個別に判断すれば足りるでしょう。

また、現在の処遇の実態からすれば、受刑者に応じて処遇を個別化することが重要であることは自明であり、懲役と禁錮の区別は、むしろ処遇の阻害要因となっているのです。たとえば、高齢受刑者、精神障害を有する受刑者などに対しては、福祉的な処遇や教育に重点を置いた処遇が不可欠です。したがって、懲役と禁錮の区別を廃止し、拘禁刑として単一化することは妥当だと思います。

問題は、単一化された「拘禁刑」の内容です。改正後の刑法12条2項の「拘置」と3項の「作業」「指導」の3者の関係が問題となります。

第1に、「拘置」「作業」「指導」の3者が刑の内容を構成するのか、それとも、刑の内容は「拘置」に限定され、「作業」「指導」は処遇内容として位置づけられるのかが問題となります。この問題は、刑罰および処遇の本質・目的は何かという困難な問題に関連します。

まず、条文の構造・文言《もんごん》をみると、「拘置」は2項に、「作業」「指導」は3項にと、別項として規定されていることに注目すれば、そこに区別があるとみるのが条文の素直な解釈です。この3者が刑の内容であるならば、現行刑法12条2項と同様に、「拘禁刑は、刑事施設に拘置して、作業を行わせ、指導を行う」というように規定されていたはずだからです。また、3項は「作業」「指導」が「できる」と規定していることから、これらを刑の内容と解することは困難です。

さらに、「刑事収容施設及び被収容者等の処遇に関する法律」においては、「刑事施設の長は、……作業を行わせるものとする」「刑事施設の長は、……指導を行うものとする」などと規定されていることから、12条3項の「作業」「指導」の主体は刑事施設の長であることがわかります。

もし「作業」「指導」を刑の内容と解するならば、「刑事施設の長」に対して「作業」「指導」を行わせるという刑ということになるのみならず、「刑事施設の長」が刑の内容を決めることになってしまいます。また、12条3項の「必要な」作業、「必要な」指導にいう「必要性」の判断を刑事施設の長に「刑の内容」の判断として委ねることになってしまい、妥当ではありません。

「拘置」「作業」「指導」の3者を刑の内容とする見解は、受刑者に「作業」と「指導」を義務づける以上、刑の内容に位置づける必要があるというものです。応報論からすれば、刑罰の本質を苦痛・害悪の賦課と捉え、「拘置」のみならず、「作業」と「指導」も、本人の意思に反してでも課される措置とするという立場に至ります。しかし、「作業」「指導」が受刑者の改善更生のために行われるというのは現在では自明なことです。

これに対して、「拘置」を応報論から、「作業」と「指導」を特別予防論からそれぞれ基礎づける結合説的な刑罰論（相対的応報論）によれば、「拘置」における刑罰論と「作業」「指導」における刑罰論とを異なる内容を有するものと解釈することになるでしょう。しかし、2項の「拘置」と3項の「作業」「指導」との間には性質的な違いがあり、特別予防は刑の内容ではなく、処遇の内容ではないのかという疑問が生じます。

以上から、刑の内容としては「拘置」に限定し、「作業」「指導」は、刑の枠内での処遇内容として位置づける考え方が妥当であるように思います。

自由刑純化論とは

懲役と禁錮が統一されて拘禁刑が創設され、「拘置」だけが刑の内容に限定され、「作業」「指導」が処遇内容に位置づけられたとしても、次の点がさらに問題となります。すなわち、これらの処遇はまったく任意なものなのか（受刑者は処遇を拒否できる）、あるいは強制されるものなのか（受刑者は処遇を拒否できない）、という問題です。

前者の立場は、「自由刑純化論」というものです。この場合、「作業」「指導」はもっぱら受刑者の任意に基づくことになり、かつての請願作業（これまでの禁錮受刑者には刑務作業の義務はありませんが、自ら志願して刑務作業に従事することが可能でした）を原則化するものです。もっとも、この見解は、「処遇の義務づけ」を否定するだけで、「処遇それ自体」を否定するものではなく、それを受刑者の社会復帰のための援助として位置づけ、受刑者の同意に基づいて行われるべきであると主張するものです。

この自由刑純化論は、受刑者を処遇の「客体」としてではなく、処遇の「主体」として位置づけ、国家の強制的な介入を制限するという理念に基づくものであり、理論的には注目すべき考え方です。

現在の処遇の考え方

しかし、処遇の実態に着目すれば、たとえば、高齢受刑者や精神障害を有する受刑者など、同意・納得をする能力が著しく減弱している受刑者の処遇をどうするのかが問題となります。ただ助言・説得を続けていくだけでは、処遇を放棄することになりかねず、何らかの義務づけが必要となるでしょう。また、自由刑純化論は、刑罰論として特別予防の側面をまったく排除する応報論に依拠するものだと思いますが、これは一般には認められていない考え方です。

それでは、処遇内容としての「作業」「指導」の義務づけの根拠は、どこに求められるのでしょうか。

第1は、処遇は受刑者本人の利益になるのだから、本人の意思に反しても必要な処遇を行うことができるとする、いわばパターナリズム（強い立場にある者が、弱い立場にある者の利益のためだとして、本人の意思は問わずに介入・干渉・支援すること）的な考え方です。これに対しては、受刑者をもっぱら処遇される客体として捉えその主体性を無視するものであるとか、受刑者が明確に拒絶している場合には本人の利益にならない、などの批判があります。

第2は、訴訟法的活動である「刑の執行」に刑を位置づけ、行政的活動である「行刑」に処遇を位置づけ、後者の処遇は行政権の下で強制力が付与されるという考え方です。これによれば、処遇においては、他の権力的行政作用（立法、計画、指導といった国民に対して影響を及ぼす行為）と同様に、行政目的の達成のために一定の強制力の行使が許容されることになります。これに対しては、行刑は行政的活動であり、そこでは政策的な目的が優先されることから、法による拘束が弱まり、適正手続の保障が害されるのではないかという疑問があります。

第3は、処遇の義務を一般市民の義務として位置づける考え方です。たとえば、感染症法における強制入院と同様に、社会防衛のために強制力を行使できると解するわけです。この場合、危険性、必要性、緊急性などを考慮して判断されることになるでしょうが、この場合も、第2の考え方と同様に、適正手続の保障が害されるのではないかという疑問があります。

以上のように、処遇内容としての「作業」「指導」の義務づけの根拠は、いくつか考えられますし、今後、さらに検討されなければならない課題です。しかし、このような抽象論にとどまることが許されないのが処遇の問題の難しさです。処遇の実態、現状を把握し、それを踏まえた上で、処遇の理念や拘禁刑の課題などを考えていかなければならないからです。

処遇の今後のあり方

拘禁刑の創設によって、これからの処遇がどのように変化していくのかが問題となるでしょう。これまでは、施設運営処遇（規律秩序維持や生活環境の整備等を含めた施設管理運営）、刑執行処遇（刑の執行として課せられる所定の作業の実施）、個別処遇（受刑者個人に焦点を当てた改善指導や社会復帰のための支援等）という処遇形態が存在し、前2者は刑務官が担当し、後1者は法務教官や法務技官が参画するという構造でした。拘禁刑の創設によって、これらの処遇形態がどのように変化するのかは、前述した、作業・指導を刑の内容に位置づけるのか、それとも、処遇の内容に位置づけるのかという問題と関連するように思います。

これまでの懲役における刑務作業には、生産作業、社会貢献作業、職業訓練作業、自営作業があり、これらの作業が、改正刑法12条3項によって「改善更生を図るため」の「必要な作業」とされたのですが、今後、これをどのように肉付けしていくかが重要な課題となるでしょう。また、指導も、改善指導と教科指導が実施されていました。それらは、どちらかといえば「改善」に重点を置いた施策でしたが、「改善更生を図るため」の「必要な指導」とされました。今後、それらがどのように変化していくのかも注目されます。

さらに、これらの処遇の新たな展開は、「改善更生」とは何かという処遇の理念をめぐる問題、刑罰論と処遇論とはどのような関係にあるかという基本的な問題を提起することになるでしょう。

処遇理念に関しては、いくつかのモデルがありますが、「受刑者が改善・更生し、社会復帰後、再犯をせずに、社会の一員として社会内に再統合・再編入させる」という「再社会化モデル」が、一般に認められている考え方です。これによれば、受刑者を「改善の客体」としてのみならず、「更生の主体」として位置づける必要があるとともに、作業も指導も「更生」のためにあるとすれば、おのずとその内容も決定されることになります。すなわち、更生は、社会内における再統合であり、社会生活との連関が必要となりますし、作業や指導は、社会に踏み出すための力を身につけさせるためにあるという帰結になります。

いずれにせよ、改正刑法12条3項の「必要な」作業、「必要な」指導における「必要性」の判断において、一定の処遇チームを組織し、その中で、いかなる処遇が必要かを判断する処遇システムの構築が検討されなければならないでしょう。処遇の義務づけの問題も、抽象的な議論にとどまるのではなく、処遇システム全体をにらんで具体的に展開される必要があります。

社会的包摂としての処遇

以上のように、処遇は、受刑者を社会から排除するのではなく、社会へと包摂する再社会化のために行われるべきです。この問題を、処遇の理論的側面と実践的側面の2つに分けて検討したいと思います。

第1に、処遇の理論的側面ですが、これは、「再社会化とは何か」という問題です。この問題については、ドイツ行刑法2条が「自由刑の執行において、受刑者は、将来、社会的な責任において、犯罪行為を犯すことなく生活する能力を付与されなければならない」と規定しており、行刑目的として、「犯罪行為を犯すことのない生活をすること」という再社会化の内容を明らかにしています。

刑事収容施設法も、「受刑者の処遇は、その者の資質及び環境に応じ、その自覚に訴え、改善更生の意欲の喚起及び社会生活に適応する能力の育成を図ることを旨として行うものとする」と規定しており、まさに、「社会生活に適応する能力の育成」を処遇の原則としています。

再社会化は、受刑者が、将来、犯罪を犯さないという状態で十分なのであり、非の打ち所のない市民にすることではありません。人格の変更は、受刑者をもっぱら処遇の客体にすることであり、人間の尊厳の尊重から許されるべきではないでしょう。

また、再社会化は受刑者の更生意欲を前提とするために、受刑者が処遇に積極的に関与する必要があります。「改善更生の意欲」を「喚起」するには、それを妨げる阻害要因を取り除く必要があるでしょう。阻害要因にはたとえば、受刑者に対する世間の攻撃や忌避などの社会的要因や、資格制限などの法的要因が挙げられます。もう一度社会に戻って生活するという「自由への希望」が受刑者になければ、「改善更生の意欲」を「喚起」することは不可能なのです。

第2に、処遇の実践的側面ですが、ここでは、処遇困難者の処遇が最も重要な課題となるでしょう。たとえば、高齢受刑者、外国人受刑者、覚醒剤受刑者、精神障害を有する受刑者、自分の主張を一方的に通そうとする言動のある受刑者、異常行動などによって施設の設備器具等を損壊する受刑者、激情型で暴力性が強い受刑者、偏った思考や行動上の問題を抱える受刑者、他の受刑者等の健全な生活環境を妨げる受刑者などの処遇です。

これらの処遇困難な受刑者に対して、刑務所内の設備や職員の体制などが十分に対応できているかが問題となるとともに、これらの受刑者に対する処遇の意味が問われなければならないでしょう。まず、これらの処遇困難受刑者は、社会的弱者であり、そのために社会から排除されたことが主要な犯罪原因であることから、もっぱら個人の責任を追及するだけではすまないことを認識すべきだと思います。ですから、作業や指導とは異なった社会的援助が必要とされます。

次に、これらの処遇困難受刑者は、出所した後の社会的援助、すなわち「出口支援」が必要となります。この点については「地域生活定着支援センター」が設置され、各都道府県が主体となり、保護観察所、矯正施設、地域の福祉施設等との連携・協働が図られています。

さらに、今後、改正刑法12条2項の「拘置」という形が最低限維持されていく限り、施設内処遇のみならず、社会内処遇（保護観察、環境調整など）との連動も積極的に推進されていくことになるでしょう。改正刑法によって、作業が「更生支援としての作業」として位置づけられたことによって、出所後の社会生活と関連のあるものに大きく変化していくことが期待されます。

以上説明してきました処遇論は、刑罰論とともに永遠の課題であり、古くから議論され、これからもずっと議論され続けていくことでしょう。

第4章　量刑論の世界

1　刑をどの程度に科すのかという問題

「懲役10年の刑に処する」

量刑とは、「被告人の犯罪行為に相応《ふさわ》しい刑事責任を明らかにすること」です。

公判手続において証拠調べが終了すると、検察官は、被告人が有罪である根拠、被告人に科すべき刑について意見を述べます。これが「論告・求刑」です。検察官は、論告の最後に、たとえば、「懲役10年の刑に処するのを相当と思料する」という求刑をするわけです。論告・求刑が終わると弁護人による最終弁論、被告人による最終陳述が行われ、審理はすべて終了し、「結審」となり、判決が言い渡されます。求刑と最終弁論において、（有罪・無罪の主張のほかに）それぞれの量刑判断が示され、そこでは後述する具体的な量刑事情の中で何を重視するのかによる対立が生じることになります。

求刑と最終弁論は、当事者の意見にすぎず、裁判官（裁判員）の判断を拘束するものではありませんが、参考意見としては重要な意味をもつでしょう。たとえば、実刑判決の場合、求刑の8割程度の量刑になると言われることもあります。しかし、裁判官（裁判員）は求刑・最終弁論を踏まえて、最も適切な量刑をしようとしています。したがって、裁判員裁判で、後述の寝屋川幼児虐待死事件の1審・2審判決のように、求刑を超える判決が下されることもあるわけです。

さて、最終的に、裁判所が具体的な量刑判断を行うわけですが、これが至難の業です。それでも、第1章で述べた量刑についての基本的な考え方をベースにして量刑判断を行うことになるでしょう。

司法研究では、裁判員裁判の量刑評議における裁判員への説明として、①当該法益侵害結果の大小、②危険性のある行為の態様、③行為に出ることの意思決定に関する事情（動機目的、計画性等）を中心に考慮することが挙げられています。

量刑評議とは

ちょっと寄り道して、量刑評議について説明しておきましょう。

審理を終了した後、裁判官と裁判員とが、被告人は有罪か無罪か、有罪の場合にはどのような刑をどの程度に科すのかを議論します。これを「評議」といいます。有罪の場合に、量刑について議論するのを「量刑評議」といいます。

裁判員裁判では、「事実の認定」、「法令の適用」および「刑の量定」（量刑）は裁判官と裁判員との合議でなされますが、「法令の解釈に係る判断」、「訴訟手続に関する判断」等は裁判官だけの合議によるとされています。

量刑評議はこの中の「刑の量定」に関わるもので、一般に、次のような順序で行われているようです。

①量刑の基本的な考え方の説明
②被告人の行為、結果、経緯・動機、意図・認識などの確認
③被告人の行為の社会的類型の確認
④検察官・弁護人の量刑上の主張の確認

⑤量刑検索システムを利用した量刑傾向の確認
⑥量刑上ポイントとなる事実に関する意見交換
⑦一般情状に関する意見交換（数量化の調整）
⑧量刑の評決（刑の量定）

したがって、「①量刑の基本的な考え方の説明」は、量刑評議に入る際に、裁判官が裁判員に対して行うことになります。他方、最後の「刑の量定」は、具体的には、「犯情」（犯行の動機、手段・方法、結果などの犯罪行為自体に関する量刑要素）と「一般情状」（犯情以外の要素で、主として一般予防・特別予防に関する事情を含めた様々な量刑要素）を考慮して、裁判官と裁判員の評決によって決められることになります。

量刑の目的とは

さらに、量刑判断にとって重要なのは、「量刑の目的」はどこにあるのかという点です。量刑の目的によって、多種多様な量刑事実の中から重要なものを選び出し、序列づけ、量刑事実の比較衡量を行い、刑種および刑量の選択をすることが可能となるわけです。

この量刑の目的は、基本的に第1章で述べた「刑罰の目的」によって決定されます。したがって、量刑判断は、刑罰の目的を具体化、精緻化する作業でもあるということになります。大雑把に図式化すれば、応報論によるならば違法・責任の大小に、一般予防論によるならば社会的影響度の大小に、特別予防論によるならば行為者の危険性に、それぞれ依拠したものとなるでしょう。

現在の支配的な考え方

現在では、行為責任を基盤とする責任主義（「責任なければ刑罰なし」という原則）を前提にして、行為責任に相応する刑を基本枠組みとする考え方がとられており、応報論を基盤としています。そして、その基本枠組みの中で、一般予防・特別予防も考慮するという総合的な立場が今日の支配的な考え方です。

すなわち、量刑の基本的な考え方は、「行為責任を基礎とした量刑」であり、「犯情」

によって量刑の大枠を決め、その大枠の中で「一般情状」を考慮して刑を定めるということです。

行為責任を基礎とするということは、量刑は犯罪行為とそれに密接に関連する事実から構成される「犯情」がまず第一次的に重要視されます。この「犯情」を基礎とする責任非難を上限枠として、その中で、「一般情状」を考慮することになります。つまり、「犯情」を考慮して責任の幅を画定し、その枠内で「一般情状」によって量刑を決定するということです。これによって、量刑の公平性も保たれることになります。もっとも、後述の執行猶予が問題となる事案のような場合には、「一般情状」が重要な量刑事情となることもあるでしょう。

なお、量刑は以上の考え方を基礎として「数量化」されますので、刑の数量化をどのように行うのかという問題があります。この点については、「量刑検索システム」がその役割を果たしています。

量刑検索システム

公平性という観点から、同種の事件については同様な量刑が行われるべきです。そうでないと、事件関係者や社会全体の理解を得ることはできません。そこで、裁判所では、裁判員制度の施行に備え、量刑評議が適切に行われるための方法や枠組みが模索されました。その結果、最高裁により、量刑評議のツールとして量刑検索システムが整備されました。

この量刑検索システムは、裁判員裁判が開始された2009年5月1日以降に起訴され、地方裁判所で判決が宣告された裁判員裁判の判決などが登録されており（殺人編、傷害致死編などと分かれています）、罪名を選択し、共犯関係、動機、凶器などの検索条件を入力すると、量刑分布表・グラフ、該当事件の概要を記載した事例一覧表、個別事件表が表示されます（ただ、このシステムは非公開とされています）。

この量刑検索システムによって、行為の社会的類型に応じた「量刑傾向」が一定程度把握できるようになりました。前述のように、日本の刑法は法定刑の幅が広いので、行為の社会的類型を考慮することによって責任の幅を縮限することが必要となるわけです。たとえば、同じ殺人罪でも、金銭トラブルに基づく殺人と介護疲れによる殺人とでは、犯行動機、犯行経緯などの違いから非難の程度は大きく異なるはずです。

司法研究によれば、この量刑検索システムは、「主として犯情に関する基本的な因子を検索項目として作成され、その事件の属する社会的類型（刑事学的類型）における大まかな量刑傾向を表すもの」です。これには、規範的な拘束力はありませんが、量刑判断にとって重要な参考資料といえるでしょう。しかし、注意すべきは、この量刑検索システムを参考としつつも、従来の量刑傾向に過度にとらわれることがあってはならないということです。司法研究も次のように述べています。

「もとより、一つ一つの事件にはそれぞれ個性があるし、量刑の傾向も時の流れ、社会情勢の変化によって動くものである。現在でも、犯罪被害者の利益の保護、（体感）治安の悪化、性犯罪の被害を受けた年少者の受けるダメージ、高齢者犯罪の増加と高齢者における犯罪被害の増加等に向けられた社会的な関心によって量刑の傾向が変動する可能性があり、公平な科刑といっても絶対的なものではあり得ず、時間的・地域的な観点からは相対的な面がある。また、裁判員が量刑判断に参加するということは、これまでの量刑判断とは違う結果が出ることを制度自体が想定していることを意味する。そうだとすれば、これまでの量刑傾向を絶対視することはできず、合理的な理由があれば、従来の量刑傾向と異なる量刑判断がなされることも許容されるというべきである」と。

寝屋川幼児虐待死事件が提起した問題

この点が問題となったのが、「寝屋川幼児虐待死事件」の最高裁判決（2014年）です。本判決は、最高裁が裁判員裁判による量刑を破棄した最初の事例として大変注目されました。

事実の概要は、次のようなものでした。

被告人甲とその妻乙は、かねて三女X（犯行当時1歳8か月）にそれぞれ継続的に暴行を加え、かつ、これを相互に認識しつつも制止することなく容認することなどにより共謀を遂げた上、大阪府内の自宅で、甲が、Xに対し、顔面を含む頭部分を平手で1回強打して頭部分を床に打ち付けさせるなどの暴行を加え、その結果、死亡させました。

甲と乙は、傷害致死罪で起訴されました。検察官は、甲と乙に対して、各懲役10年を求刑しましたが、第1審は、各懲役15年の刑を言い渡しました。量刑事情については、

「犯情」に関して、①親による児童虐待の傷害致死の行為責任は重大で、②態様は甚だ危険で悪質であり、③結果は重大で、④経緯には身勝手な動機による不保護を伴う常習的な児童虐待が存在し、⑤被告人両名の責任に差異なしと評価されました。

次に、「一般情状」に関して、①堕落的な生活程度、②罪に向き合わない態度、③犯行以前の暴行に関して責任の一端を被害者の姉である次女（当時3歳）になすり付ける態度が指摘されました。これらを踏まえて、児童虐待を防止するための近時の法改正からもうかがえる児童の生命等の尊重の要求の高まりを含む社会情勢に鑑み、本件のような行為責任が重大な児童虐待事犯に対しては、今まで以上に厳しい罰を科すことがそうした法改正や社会情勢に適合すると考えられるとして、被告人両名に対しては傷害致死罪に定められた法定刑の上限に近い刑が相当であるとしました。

第2審も、第1審の犯情および一般情状に関する評価が誤っているとまではいえず、各懲役15年の量刑も重すぎて不当であるとはいえないとして、被告人両名の控訴を棄却しました。

これに対して、最高裁は、原判決および1審判決を破棄し、甲を懲役10年に、乙を懲役8年に処しました。

裁判においては、行為責任の原則を基礎としつつ、当該の犯罪行為にふさわしいと考えられる刑が言い渡されることとなりますが、裁判例が集まって積み重なることによって、犯罪の類型ごとに一定の量刑傾向が示されることとなります。量刑の傾向それ自体は直ちに法規範性を帯びるものではありませんが、量刑を決定するにあたってその目安とされるという意義をもっています。

量刑が裁判の判断として是認されるためには、量刑要素が客観的に適切に評価され、結果が公平性を損なわないものであることが求められますが、これまでの量刑傾向を視野に入れて判断がなされることは、当該の量刑判断のプロセスが適切なものであったことを担保する重要な要素になると考えられます。

裁判員制度は、刑事裁判に国民の視点を入れるために導入されました。しかし、他の裁判の結果との公平性が保持された適正なものでなければならないことはいうまでもなく、これまでのおおまかな量刑の傾向を裁判体（個々の事件で裁判を担当するメンバー）の共通認識とした上で、事案にふさわしい評議を深めていくことが求められているわけです。

これまでの傾向を変容させる意図を持って量刑を行うことも裁判員裁判の役割として直ちに否定されるものではありません。しかし、そうした量刑判断が公平性の観点からも是認できるものであるためには、従来の量刑の傾向を前提とすべきではない事情があるという裁判体の判断が具体的、説得的に判示されるべきでしょう。

本件では、社会情勢等の事情を量刑に強く反映させてこれまでの傾向から踏み出し、検察官の懲役10年という求刑を大幅に超える懲役15年という量刑をすることについて、具体的、説得的な根拠が示されているとは言い難い、というのが最高裁の示した見解でした。この「具体的、説得的な根拠」がどのようなものであるのかが、今後の重要な課題となるでしょう。

2　量刑は具体的にどのように判断するのか

それでは、以上の基本的な考え方を基礎として、具体的な量刑事情を検討していきましょう。その際には、被告人側の事情、コミュニティ・社会側の事情、被害者側の事情の3つに分けると、わかりやすくなると思います。

被告人側の事情

①行為態様・方法

行為に残忍性、執拗《しつよう》性、危険性などが認められれば、その悪質性が肯定され、刑は重くなるでしょう。たとえば、同じ傷害事件でも、相手の顔を平手打ちしてケガを負わせた事案と、ナイフを用いて顔を切りつけた事案とでは、後者の方が悪質性は高いといえます。もっとも、結果的に生じた残忍さや被害現場の凄惨さなどだけから行為態様・方法の悪質性を評価することには注意が必要です。法益侵害結果との関わりでの危険性の大小、法益を軽視した度合いの大小という観点から、行為者の主観面と客観面を総合して、非難の程度を実質的に判断することが必要でしょう。

②犯罪結果の大小・程度・数量

犯罪が既遂となった場合と未遂にとどまった場合との量刑の比較が問題となります。

第2章で述べたように、未遂犯が罰せられる場合、「その刑を減軽することができる」と規定されています。「できる」ですから、減軽してもしなくてもいいわけです。たとえば、ピストルの発砲による殺人未遂において、弾が身体にまったく当たらなかった場合と、身体に命中し、病院で奇跡的に助かった場合とでは、刑に差が生じるのは明らかでしょう。

たしかに、犯罪結果の大小・程度・数量が刑の重さに大きく影響することがあります。たとえば、被害者が負ったケガが全治5日程度のものなのか、全治数か月を要するものなのかで、刑の重さは異なるでしょう。また、被害者の数なども重要な要素となるでしょう。

しかし、量刑の本質は「責任」に応じた刑罰を科すことで、「結果」に応じた刑罰を科すことではありません。したがって、量刑判断においては、法益侵害結果それ自体に過度にとらわれることなく、行為者の主観面も含めた行為態様、動機・経緯なども勘案し、犯罪行為の法益侵害結果との関わりで危険性の程度、非難の度合いを総合して判断していく必要があるでしょう。

なお、この犯罪結果には、構成要件に規定されている結果以外の結果が含まれる場合もあります。たとえば、激しい脅迫行為の結果、被害者が自殺したような場合、脅迫罪は死亡結果を含まない犯罪ですが、量刑では当然これは考慮されます。

③動機・犯行に至る経緯

動機は、非難の強弱に影響を及ぼします。動機の悪質性は、その反社会性、私利私欲性、情欲性、無目的性などから明らかになるでしょう。たとえば、心中目的で年老いた母親を殺害した事案で、生活の困窮が主たる動機の場合と、認知症の母親を長年世話していたが、その後母親がガンになり、心中を決意するに至った場合とでは、後者には執行猶予が付く可能性が高いでしょう。また、放火罪の事案で、保険金目的や恨みなどの動機による場合と、自殺目的の動機による場合とでは、前者により強い非難がなされるでしょう。

犯行に至る経緯は、それが被告人の意思決定に対し、どのように、どの程度影響したかという観点から考慮されるべきであり、たとえば、法益侵害に向けた意思決定に影響しない事実経過や、道徳的・倫理的観点からの被告人の芳しくない生活状況などの事情は、量刑判断において被告人に不利に考慮されるべきではないでしょう。

④計画性

犯罪の計画性が強ければ強いほど、法益侵害の危険性は高まり、法益軽視の度合いが大きいため、強く非難されることになります。計画性がない場合は、一般的に、計画性がある場合に比べて非難の程度は小さくなりますが、計画性がなくとも、状況を十分に認識した上で冷徹に敢行された場合などは、意思決定に対する外部的な影響もないことから、非難の程度が小さくならない場合もあります。

⑤被告人の性格

被告人の反社会性、常習性、犯罪傾向性、粗暴性、精神的未熟性などの性格は、特別予防の観点からは重要な量刑事情となるでしょう。

⑥被告人の一身上の事情

被告人の年齢、国籍、職業、社会的地位、経済状態などの一身上の事情も、刑の個別化という特別予防の観点からは考慮されることになりますが、平等原則に反しない限度でという制約に服することになります。

⑦前科・前歴

満期で刑務所から出所した後や仮釈放中に、再度同様の犯罪を起こしたような場合、非難の程度は大きくなるでしょう。前科の存在は、被告人の刑事責任を加重するものであり、犯情として考慮される場合もありますが、再犯可能性に関わる事情として一般情状として考慮される場合もあるでしょう。

⑧余罪

余罪そのものを処罰する趣旨で量刑事情にすることは許されません。しかし、前述の犯罪の動機・目的・方法、被告人の悪性格、再犯可能性などを推認するための資料とすることは許されるでしょう。

⑨被告人の犯罪後の態度

証拠隠滅をしたり、逃亡を図ったりするなど、被告人の犯罪後の態度は、量刑を重くする方向で考慮されます。逆に、被告人の反省・謝罪などの態度は、量刑を軽くする方向で重要視されます。しかし、反省・謝罪は、行為責任と関係しない事情であり、慎重な検討が必要でしょう。被告人が被害回復や被害弁償したような場合、また、加害者と被害者の間に示談が成立したような場合、刑が減軽される可能性もあるでしょう（損害回復の問題については第5章参照）。

⑩共犯の事件

共犯事件の場合には、共犯行為全体についての犯情評価と、被告人個人についての犯情評価とを分けて、被告人の共犯全体における地位や役割、関与の動機や程度などが量刑の考慮事情となるでしょう。

コミュニティ・社会側の事情

⑪社会の処罰感情（処罰要求）

社会や世間が「犯人を許せない」という状況にあるときには、重い量刑になる傾向があります。しかし、社会の処罰感情（処罰要求）はきわめて曖昧なものなので、考慮するかどうかを含め、慎重な判断が必要です。

⑫犯罪の社会的影響

犯罪の社会的影響も量刑事情となり得ることは一般に認められており、社会的影響が強い場合には、非難の程度が大きくなるでしょう。しかし、社会的影響の中味も程度も必ずしも明確ではありません。したがって、具体的な事情を基礎として、それが量刑事情として考慮されるべきかを慎重に検討する必要があります。

⑬社会的制裁

被告人に対して、家族関係、職場関係、マスコミなどが様々な非難を加え、いわゆる社会的制裁がすでになされている場合には、非難の程度が弱まることも考えられます。社会的制裁の中には、理不尽で不合理なものもありますが、それが一種の社会統制の手段となっており、犯罪抑止の効果を有しているのも事実です。ですから、これを受けたことは、量刑上、被告人に有利に考慮すべき情状といえることになるでしょう。

被害者側の事情

⑭被害者の落ち度

被害者の落ち度が量刑で考慮されることはありえますが、その場合でも、被害者側の具体的な事情が、当該事件で量刑事情としてどのような位置づけを与えられるべきかを慎重に判断する必要があります。たとえば、被害者が窓の鍵を掛けていなかったなどの不注意があったとしても、それが加害者への非難の程度を減弱させると評価すべきではないでしょう。

⑮被害者（遺族）の被害感情・処罰感情

量刑上、被害者（遺族）の感情をどのように考慮するかは難しい問題です。被害者本人の精神的被害だけを犯情として考慮し、遺族の精神的被害や処罰感情、被害者本人の処罰感情は量刑上考慮すべきではないという考え方もあります。これに対して、被害者本人の精神的被害を犯情に含め、被害者本人の処罰感情、遺族の精神的被害、処罰感情を一般情状に含める考え方もあります。

被害者（遺族）の感情は、少なくとも一般情状として考慮されることになるでしょう。もっとも、被害者（遺族）の被害感情・処罰感情を量刑上の一資料とする場合、これらの感情の有無や強弱、被害者が死亡した場合の遺族の有無によって刑が異なっていいのかが問題となるでしょう。

被害者感情が沈静化し、「赦《ゆる》し」があった場合には、一般に刑を減軽する方向で考慮されることになるでしょう（被害者の問題については第5章参照）。

以上、具体的な量刑事情を列挙しましたが、これらの中からどの事情を重要視するかは、それぞれの事案の具体的な事情に影響されますし、それらに対する裁判官・裁判員の判断に依存することになります。また、罪種別（性犯罪か、薬物犯罪かなど）の量刑事情を検討する必要もあるでしょう（これらの点については、巻末の「参考文献」に挙げた文献を読んでさらに考えてみてください）。

実刑と執行猶予を分ける基準

たとえば、覚醒剤事犯において、営利目的のない単純所持や単純使用の場合には、初犯であれば懲役1年6月、執行猶予3年とされることが多く、2回目の場合には、懲役2年程度の求刑で、懲役1年〜1年6月程度の実刑になるということが一般に言われています。このような、実刑か執行猶予かの判断も、前述の量刑の具体的な判断によって決定されることになります。

執行猶予とはいかなる制度なのでしょうか。執行猶予には、刑の全部執行猶予と一部執行猶予とがあります。刑の全部執行猶予とは、刑の言渡しの際に、情状により、一定の期間、刑の執行を猶予し、その期間を無事経過したときは、刑の言渡しはその効力を失い、刑の言渡しがなかったのと同様の効果を生じさせる制度をいいます。

この制度は、短期自由刑（6月未満の自由刑のこと）の弊害、すなわち、短期自由刑によって失職し、再就職が困難になること、家族に経済的負担をかけること、刑務所内で悪い仲間に影響されること、出所後の社会復帰が困難となることなどを回避するという消極的効果をもっていました。しかし、「3年以下の懲役」という短期でない自由刑や、罰金にまで執行猶予が認められていることから、保護観察と結び合わさった社会内処遇の1つとして積極的な効果、すなわち、特別予防効果をもつものといえるでしょう。

死刑が求刑されるとき

死刑が求刑される事件は大変難しい判断が求められることになります。この難しい判断が求められたのが、以下の最高裁決定（2015年）です。本決定は、裁判員裁判の第1審の死刑判決を破棄して無期懲役とした2件の東京高裁判決（①事件、②事件）を維持しました。

①事件は、被告人が、強盗目的でマンションに侵入し、寝ていた高齢の男性を発見するや、殺害して金品を強奪することを決意し、包丁で刺殺した事案ですが、被告人は、妻を刺殺した上で一家心中を図って自宅に放火して娘を焼死させ、殺人等で20年間服役した前科があり、出所後半年で本件犯行に及んだというものです。

東京高裁は、被告人が侵入時に殺意があったとはいえず、第1審判決が重視した被告人の前科の内容とは類似性が認められないことから、この前科を重視して死刑を選択することには疑問があるとして、第1審の死刑判決を破棄して無期懲役とし、最高裁もこれを是認しました。

②事件は、被告人が、女子大生のマンションに侵入し、帰宅した女子大生から金品を強取した上で、包丁で刺殺し、翌日犯跡隠蔽のために再度侵入して死体付近に火を放った住居侵入・強盗殺人および建造物侵入・現住建造物等放火・死体損壊等のほか、前後2か月の間に、女性5名に対する強盗致傷、強盗強姦《ごうかん》（現在は強盗・不同意性交等）等を遂行した事件です。

東京高裁は、被害女性の殺害は計画的なものでないこと、その他の事件は人の生命を奪って自己の利欲等の目的を達成しようとした犯行ではないことなどを指摘して、死刑を選択することが真にやむを得ないものとはいえないとして、第1審の死刑判決を破棄して無期懲役とし、最高裁もこれを是認しました。

最高裁は、死刑を選択するに際して裁判員を含む裁判体に対して、以下のような判断を求めました。すなわち、①過去の裁判例の集積から死刑の選択上考慮されるべき要素および各要素に与えられた重みの程度・根拠を検討しておくこと、②評議に際しては、その検討結果を裁判体の共通認識とし、それを出発点として議論すること、③その上で、死刑を科すことが認められるためには、死刑の選択をやむを得ないと認めた裁判体の判断の具体的、説得的な根拠が示される必要があることを指摘しました。このような指摘は、今後の死刑求刑事件の量刑判断において指針となるでしょう。

第5章　刑法学の新しい世界

1　「犯罪と刑罰」の新しい考え方

以上、犯罪論ワールド、刑罰論（処遇論）ワールド、量刑論ワールドをめぐり、「刑の重さは何で決まるのか」という量刑判断に至るための「長く曲がりくねった道」を歩いてきて、目標とする量刑の具体的判断の内容にようやくたどり着くことができました。結局、それぞれのワールドをある程度理解したうえで、具体的な刑事事件について、どのような種類の、どの程度の刑が適当なのかを、自分なりに考えていくことが求められているように思います。

もっとも、以上のことは、現在の刑法、刑事司法システムなどを前提にして、その基礎的理解を示したものです。しかし、「犯罪と刑罰」の理解が今後変化、変容していくことも十分考えられます。そこで最後に、「犯罪と刑罰」についての新しい考え方を検討したいと思います。これによってみなさんがこれから「犯罪とは何か」「刑罰とは何か」「量刑とは何か」を自分で考える際の1つの参考になれば幸いです。いわば、刑の重さは何で「決めるべきか」という視点を求めるものといえるでしょう。

ここで取り上げるのは、「被害者志向的刑罰論」と「修復的司法論」です。

刑罰は誰に宛てられたものか

まず被害者志向的刑罰論ですが、この考え方の前提にある「表出的刑罰論」を説明しておく必要があります。

表出的刑罰論は、刑罰がもつコミュニケーション的要素、メッセージ的要素を中核とするもので、刑罰は非難を表出するものと考えるのです。

このコミュニケーション・メッセージの名宛人（受け手）が誰かについては争いがありますが、「被告人を懲役10年に処する」という裁判官による刑の言渡しがもっぱら被告人のみを名宛人とするというのは、言語行為の本質を見誤るものでしょう。刑の言渡しは、被害者およびコミュニティ（一般人）をも名宛人としています。刑罰によって、被害者は自分に不法が生じたこと、その被害は不運と解することはできないことを承認されます。すなわち、刑罰は、行為者を非難しなければならないだけでなく、被害者の被った被害を認識し、被害者と連帯するものでなければならないのです。

この「表出的刑罰論」には、「規範志向的な表出的刑罰論」と「人格志向的な表出的刑罰論」という2つの潮流があります。

「規範志向的な表出的刑罰論」は、刑罰を、抽象的な意味での公共という不特定な名宛人に向けられたメッセージとして、いわば規範が妥当していることを確認するものとして理解するものです。その基礎には、犯罪は、規範が社会に妥当し効力を有していることの否認であり、その否認に対する異議が刑罰であり、刑罰によって規範妥当を回復するという考え方があるわけです。しかしこの立場は、絶対的応報論（35ページ）の一種に位置づけられるように思います。なぜなら、個人の侵害、人間の利益というものを考慮していないからです。

これに対して、「人格志向的な表出的刑罰論」は、刑罰を、具体的な行為者（加害者）および被害者を第一次的な名宛人とするメッセージとするものです。行為者へのメッセージとしては、違法な犯罪行為への反作用として非難を加えることによって、違法行為についての責任を喚起させる必要があります。被害者へのメッセージとしては、刑罰によって、行為者の行為が悪いと判断され、行為者が非難されることによって、被害者の被った被害が承認されなければなりません。コミュニティ（一般人）に対するメッセージは、犯罪という紛争が解決されたという満足や、安全感の回復などがあり得ますが、これらの公共利益は副次的な機能として考えておけば足りるでしょう。

被害者の地位

刑罰論において、被害は考慮されても、被害者が考慮されることは、ほとんどありませんでした。それは、近代刑法が被害者の復讐《ふくしゅう》を禁止し、国家刑罰権としてもっぱら〈国対加害者〉という図式で刑罰を構想してきたからです。しかし、裁判官による刑の言渡しがもっぱら加害者に向けられているというのは幻想であり、被害者に対しても、コミュニティに対しても、一定のメッセージを発する機能があることを否定することはできません。

まず、刑罰をもっぱら応報だけと解する絶対的応報論は、被害者排除の考え方といえます。前述のように、被害者の復讐を禁止したことによって、具体的な被害者が受けた被害の修復が除外され、抽象的な被害に関連する法規範の維持・回復が意図されたのです。

次に、通説の相対的応報論は、予防的な視点を包含するものです。特別予防論は、加害者を再社会化することによって犯罪を予防するものであり、この中に被害者を包含させる場合には、被害者が加害者の再社会化のための道具のように利用される存在とならない施策が必要でしょう。また、これから犯罪を遂行する（かもしれない）潜在的な行為者に向けた消極的一般予防にとって、被害者が関わるのは犯罪予防にとって意味がある場合だけです。

いずれにせよ、従来の刑罰論は被害者に居場所を提供するものではありませんでした。これは、従来の刑罰論が集合的利益・公共的利益だけを考慮してきたことによるものであり、具体的な被害者の利益を考慮してこなかったからです。

被害者遺族の感情と死刑

とくに被害者と死刑の問題は、平成期に大きく報道された地下鉄サリン事件や光市母子殺害事件などにおいて活発に議論がなされました。光市母子殺害事件差戻し控訴審は、元少年（犯行当時18歳1か月）に対して死刑の判決を言い渡しました（その後、最高裁で死刑確定）。この事件は被害者遺族の思いがメディアを通して広範に繰り返し報道された結果、国民の大きな関心事となりました。

最高裁（1983年）は、連続ピストル射殺事件（永山事件）という当時19歳の少年が拳銃を使用して相次いで男性を射殺した昭和の連続殺人事件において、「犯行の罪質、動機、態様ことに殺害の手段方法の執拗《しつよう》性・残虐性、結果の重大性ことに殺害された被害者の数、遺族の被害感情、社会的影響、犯人の年齢、前科、犯行後の情状等」という9項目を総合的に考慮し、「その罪責が誠に重大であって、罪刑の均衡の見地からも一般予防の見地からも極刑がやむをえないと認められる」場合には死刑の選択も許されると判示しました。

まずは、この永山事件の基準との関係が問題とされるべきでしょう。たしかに、永山基準は抽象的な指針にすぎず、個別事案において具体化されるべきものですが、「例外的に死刑」という基準を採用していました。これに対して、光市母子殺害事件で破棄差戻した最高裁判決（２００６年）は、永山事件の基準を前提としつつも、「原則的に死刑」という基準を採用したといわざるを得ません。すなわち、犯罪がきわめて悪質な場合には原則として死刑であり、とくに酌量すべき事情がある場合に限って、例外的に死刑を回避するという考え方が表明されたといえるのです。

しかし、本件は、被害者の数と被告人の年齢などを考慮すると、「例外的に死刑」から「原則的に死刑」へという基準の「原則と例外の逆転」を簡単には下すことができる事案ではないことに注意すべきです。それにもかかわらず、最高裁がこのような「原則と例外の逆転」を行い、控訴審判決もそれに従ったのは、永山事件の９項目の基準のうち、とくに「被害者遺族の感情」を重視したのではないかという推測が成り立つのです。

被害者感情と被害者保護

被害者感情と応報感情は、必ずしも単純に結びつけることはできません。というのは、内外の調査によれば、被害者感情は事件ごとにきわめて複雑で多種多様であることが明らかとなっているからです。たしかに応報感情が支配的となるケースが比較的多いといえますが、被害者感情＝応報感情という等号を前提にしてしまうのはなぜでしょうか。

この等号を支えているのは、むしろ、まだ被害を受けていない一般の潜在的被害者の仮定的、推測的、当為的（あるべき論）感情であるように思います。つまり、その事件に関係のない第三者的な立場にもかかわらず、「もし自分の子どもが殺されたら……」と想像しているのです。まだ被害を受けていない潜在的被害者に、実際に被害を受けた顕在的被害者の真の気持ちがわかるのかという哲学的問題はさておき、実際の被害者の感情は、複雑かつ多種多様であって、被害者感情＝応報感情という等号によって単純化することは必ずしも適切ではないのです。

複雑かつ多種多様であることを前提とした場合、その中で重要な被害者感情は、応報感情と表裏の関係に立つ「回復感情」でしょう。この応報という側面と回復という側面は、刑事司法の近代化によって分断され、前者は刑事法に、後者は民事法に配置されました。そのため、刑罰を考える場合は、前者の応報の側面だけが考慮されることになったわけです。

しかし、被害者はまず、犯罪以前の状態に回復されることを望むものです。たとえば、軽微な財産罪や暴行・傷害罪などの場合は、回復の可能性は比較的高く、回復感情は充足されることが多いでしょう。これに対して、重大犯罪の場合、回復は困難であることから、応報感情が前面に出てくることになるわけです。

もっとも、回復といっても、犯罪以前とまったく同じ状態に戻すことはおよそ不可能であり、部分的な回復にとどまります。この部分的回復でも十分とする被害者もいるでしょうし、物理的回復よりは、精神的回復を重視する被害者もいるでしょう。また、いかなる回復でも不十分として拒否する被害者もいるでしょう。様々な被害者がいることを前提として、たとえば、「わが子を返して欲しい」という回復感情をどのようにすれば充足できるのかを考える必要があるでしょう。

応報感情と回復感情が表裏の関係にあるとすれば、回復感情が充足されることによって、応報感情は減弱ないし消失することになるでしょう。たしかに、重大犯罪の場合には、回復感情の充足は困難ですが、それでも、回復感情を充足するための措置を講じることが第一の課題です。

被害者の真の苦しみを分かち合う社会的連帯意識の形成の方向を探ることなく、被害者感情＝応報感情という等号に固執するのは、やはり、真の被害者感情を理解しない局外的な考え方だと思います。

このように、被害者の回復感情に重点を置くならば、重要な課題は、被害者の実質的利益を回復するにはどうしたらよいかという点にあります。すなわち、この「回復」が焦点を当てるべきは、「取り戻せない命（被害者の死）」ではなく、「事件後の生（遺族の生）」であり、同時に、殺人による被害の受け止め方の「変容」なのです。

応報感情は損害回復によって充足されなければならない

犯罪現象は、法益侵害行為・結果を中核として、一方に被害者、他方に加害者、さらに三方に（人的・地域的）コミュニティを置く3面構造として理解されるべきでしょう。

この3面構造によるならば、刑事司法は、紛争解決を目的とするものとして捉えられ、被害者と加害者とコミュニティの間における法的平和の回復と解されることになります。

そこでは、被害者・加害者間の紛争を第1次的紛争として問題とし、次に、加害者・コミュニティ間の紛争を第2次的紛争として問題とし、最後に、加害者と刑事司法との間を問題とすることになります。第1次的紛争、さらに第2次的紛争が解決されたならば、その限度で法的平和は回復されたことになるので、国家刑罰権の発動はそれを前提にして検討されなければならないと思います。

被害者の応報感情は、加害者との関係で問題となり、第1次的紛争の次元にあります。したがって、これを解決すべき主体は、まずもって加害者です。加害者を除外して社会や刑事司法が被害者の応報感情を充足しようとするのは、社会および刑事司法の役割を見誤るものです。被害者の応報感情はまずもって、加害者による損害回復によって充足されなければならないのです。

次に、社会は被害者に対して、真の共感と補償を提供する必要があり、そして最後に、刑事司法は被害者に対して保護を付与しなければならないのです。

このように、刑事司法は被害者の実質的利益の保護を目指すべきであって、社会による共感・補償と相伴って、加害者による損害回復をできる限り可能とする方向を模索すべきでしょう。すなわち、刑事司法機関は、刑事手続上、被害者に対する第2次被害(刑事裁判において被る精神的ダメージなど)、第3次被害(第2次被害によってさらに被る精神的ダメージなど)を回避する措置を講じ、社会は、被害者の社会復帰を可能にする機会を提供する物理的・精神的援助を与え、加害者は、被害者への可能な限りの原状回復や財政的給付、さらには被害者への謝罪などを行うことが必要なのです。

被害者志向的刑罰論とは、以上のことを踏まえた刑罰論です。

修復的司法は関係の回復をめざすシステム

こうした被害者志向的刑罰論のさらに先を行くのが、修復的司法論です。「修復的司法」は、現在の刑事司法は応報的司法であると解し、その異議申立てとして登場したものです。修復的司法は、その思想としては修復的「正義」という名称が妥当ですが、司法レベルの問題では修復的司法の語が一般に使われています。

応報的司法は犯罪を刑罰法規の違反と把握し、刑事司法は国と加害者との勝ち負けにおいて刑罰を決定するシステムであるとするのに対し、修復的司法は犯罪を人およびその関係の侵害と把握し、刑事司法は被害者・加害者・コミュニティが関与して、それぞれの関係の修復・回復をめざすシステムであるべきだとするものです。

修復的司法は、「害に注目すること」「害は責任をもたらすこと」「参加を奨励すること」という3本を柱とし、犯罪について応報的司法とは異なった理解をします。前述のように、従来、犯罪は「法益」を侵害する行為であるとされ、法益という抽象的な概念を軸にして理論構成されてきました。たとえば、殺人罪であれば、被害者がAであろうとBであろうと人を殺すという点ではまったく同じであり、具体的な被害者であるAやBの内実は、少なくとも犯罪論上は、部分的にしか考慮されませんでした。

これに対して、修復的司法の考え方からすれば、犯罪は、特定の被害者やコミュニティに加えられる「害」であると捉えられることとなります。つまり、刑法学では法益という抽象的な利益を守るという考え方をするのに対し、修復的司法では具体的な害を修復するという考え方をするのです。

このような修復的司法の考え方からすれば、加害者の「責任」の概念も変わってきます。すなわち、害の修復ということを考えた場合、加害者の責任は、刑罰という国家に対する受動的な責任としてだけではなく、被害者あるいはコミュニティに対する積極的な責任、すなわち能動的な責任としても理解されることになります。この場合の責任は「応答責任（responsibility）」ともいうべきものであり、加害者は、事態をできる限り健全化する応答責任があるということになります。また、この応答責任は、加害者のみならず、コミュニティも負うべきものであるとされているのです。

修復的司法が問う視点

応報的司法と修復的司法との相違は、「問い」という点での違いに表れます。すなわち、応報的司法は「どの刑罰法規に違反したのか」「誰がそれを行ったのか」「加害者はどのような報いを受けるべきか」などの問いを発するのに対して、修復的司法は「誰が傷ついたのか」「彼らは何を必要としているのか」「それは誰の義務であり責任であるのか」「この状況の利害関係者は誰なのか」「解決策を見つけるために利害関係者が関与できる手続はどのようなものか」などの問いを発するわけです。修復的司法を実践するために必要なガイドラインは、これらの点を考慮したものでなければなりません。

修復的司法には、2つのモデルがあります。1つは「純粋モデル」であり、当該紛争に関係するすべての当事者が一堂に会し、紛争の影響を取り扱い、その将来への関わりを協働して解決していくプロセスです。もう1つは「最大化モデル」であり、紛争によって生じた害を修復することによって、司法（正義）の実現を志向する一切の活動を包含して解決していくプロセスです。

修復的司法の実現としては、最大化モデルを基礎とし、純粋モデルを目標としていくことが妥当でしょう。いずれにせよ、被害者、加害者、コミュニティのそれぞれの再生を具体的に実践していくのが、修復的司法の考え方です。

国ではなく被害者に対して負う責任

修復的司法における責任の内容は、前述のように、応答責任、能動責任です。応答責任は、問責（問いただすこと）とそれに対する応答であり、負担責任（裁定者によって負わされる責任）に対置されます。また、能動責任は将来に対してとるべき責任であり、受動責任（過去に対してとるべき責任）に対置されます。

このように、加害者の責任は、被害者（およびコミュニティ）に対して負うべき具体的な修復責任と理解されることになります。応報的司法のように、加害者が国に対して負う抽象的な応報責任ではないのです。

さらに、修復的司法は特別予防および一般予防を充足しうるでしょう。まず、加害者の再社会化という特別予防にとって、修復責任を果たすことが意義を有することになります。というのは、被害者（およびコミュニティ）との関わりによって、加害者の再社会化に現実性を与えることが特別予防を充足することになるからです。一般予防にとっては、威嚇という意味での消極的一般予防と修復的司法とは接点をもちえないでしょう。これに対して、規範の維持・強化という意味での積極的一般予防にとっては、修復的司法は意義があります。もっとも、積極的一般予防の内容を、抽象的な規範の回復としてではなく、被害者、加害者、コミュニティ間の統合として理解することが前提となります。

外国における修復的司法の実践

諸外国における修復的司法の代表的な実践例として、次の3つの形態が挙げられます。

①被害者と加害者の和解

「被害者と加害者の和解」とは、被害者と加害者とを調整する仲介者を伴って、被害者と加害者とが出会うシステムです。ドイツでは1994年の「犯罪防止法」により、「加害者と被害者の和解」が規定されました。それは、加害者が被害者に損害回復すると、1年以下の自由刑であれば刑が免除され、1年以上の刑であれば刑が減軽されるというものです。また、少年事件では和解が成立すると刑事手続が打ち切られることになっています。

これは、事件を刑事手続から排除する「ダイバージョン・モデル」と位置づけることができます（動詞「divert」は「逸《そ》らす」とか「転換する」という意味があり、刑事手続から解放すること）。日本でも、たとえば「示談」が成立した場合に事実上同様のことが行われることもありますが、ドイツでは立法化されている点が日本とは異なります。

②家族集団会議

「家族集団会議」（Family Group Conference）とは、オーストラリアやニュージーランドで実施されているもので、純粋モデルの原型になったものです。これは、犯罪によって影響を受けた人々のコミュニティを包含するもので、被害者や加害者のみならず、両者の家族や友人なども参加し、警察もファシリテーター（仲介者）としてではなく、参加者の1人として入ります。児童虐待や学校でのいじめ等の問題にも応用されています。

③サークル

「サークル」（Circles）とは、カナダで行われているもので、家族集団会議のメンバーに加えて、事件に関心のあるコミュニティのメンバーも参加するものです。マクロ・コミュニティ（地域社会など）のメンバーも入る点で、コミュニティの範囲がより広いといえます。

日本における修復的司法の可能性

日本における修復的司法を実現する可能性としては、次のようなものが考えられ、部分的に実施されています。もちろん、どのような修復的司法のシステムを作り、それをどの段階で実施するかは、さらに検討が必要です。

①弁護士会の仲裁センターなど

弁護士会の仲裁センターによって行われるものや弁護士会が独自のシステムを作って行われるものがあります。各地の弁護士会で行われていますが、取り扱われる事件数が少ないことから、今後どれだけ活用されていくかが注目されます。

②成人事件におけるダイバージョン

成人事件では、刑事手続の各段階において、微罪処分、起訴猶予、執行猶予、仮釈放などのダイバージョンによって、別の福祉政策などへとつなぐことが行われており、それぞれの段階で修復的司法を制度として導入することも考えられます。

以上の①と②の前提として、諸外国で行われているように、刑事司法機関からの付託（依頼されること）という制度を創設すること、仲介者を養成することなどが必要でしょう。

③少年保護手続の中で裁判官がイニシアティブをとって行われる形態

これは、少年事件において、一部の家庭裁判所裁判官が現行の少年保護手続の中で行っているものであり、たとえば、審判期日に被害者を呼んで、加害者との対話を行うなど、様々な試みが報告されています。ただ、これは裁判官個人の裁量によるもので、制度・手続としてそういうものが用意されているわけではありません。

④刑事施設や少年院における「被害者の視点を取り入れた教育」

これは、自らの犯罪と向き合うことで、犯した罪の大きさ、被害者やその遺族等の心情等を認識させ、被害者やその遺族等に誠意を持って対応させていくとともに、再び罪を犯さない決意を固めさせることを目標とするものです（島根あさひ社会復帰促進センターなどで実施されています）。

その対象者は、被害者の命を奪い、またはその身体に重大な被害をもたらした犯罪を行い、被害者やその遺族等に対する謝罪や賠償等についてとくに考えさせる必要がある者です。指導者は、刑事施設の職員、民間協力者で、指導方法としては、ゲストスピーカー等による講話、グループワーク、課題図書（被害者の手記等）、役割交換書簡法などです。

⑤少年院・少年刑務所における対話ベースの処遇

少年院においては、矯正教育として「職員と対象者の信頼関係に基づく対話ベースの処遇」が重視されています。また、刑事施設においても若年受刑者（だいたい26歳未満の受刑者）に対して、少年院の知見を活用した処遇として、職員と対象者との信頼関係に基づく「対話ベースの処遇」が実施されています。これらの「対話ベース・モデルの処遇」は、さらに展開される必要があるでしょう。

修復的司法の限界

刑事司法に限界があるように、修復的司法にも当然限界はあります。すなわち、犯罪問題をある程度私的な事柄にすることは犯罪の公共的側面を隠蔽する危険性があること、当事者間に力の不均衡がある場合に仲介者の手腕に依存するだけでよいか疑問であること、参加への当事者の自律性が確実に保障できるか疑問であること、地域社会が抑圧的に機能する場合に歯止めをかける必要もあることなどの問題です。

したがって、修復的司法を現行の刑事手続や少年手続とどのように調和させるかが重要な課題となります。刑事司法の限界と修復的司法の限界をそれぞれ考慮して、被害者・加害者・コミュニティの修復・再生を目指す、より良い犯罪対応システムの構築が必要でしょう。

いずれにせよ、修復的司法の考え方は、国はいかなる理由で刑罰を科すのか、その際、国はどのような目的を追求すべきなのか、そのような刑罰の目的を達成するためにいかなる条件が必要なのかなどの根本的な問題を提起しているのです。

2 「責任」の新しい考え方

行為とは何か

犯罪「行為」といわれるように、犯罪であるためには、まずもってそれが行為であることが必要です。つまり、犯罪成立の判断順序の最初に「行為」というカテゴリーがあるのです。

したがって、「行為とは何か」という「行為論」が問題となります。もっとも、近時の刑法学においては、行為論は行為でないもの、たとえば思想や良心などの内心を排除する機能しかないとして、あまり議論されていません。しかし、行為は犯罪論の基礎となるべき概念であり、さらに、刑法における責任の基礎概念でもあるので、重要だと思います。

行為については、分析哲学的アプローチ、社会学的アプローチ、規範論的アプローチなど、様々な見解が展開されていますが、最も重要なのは、分析哲学的アプローチでしょう。このアプローチは、行為と単なる物理的出来事との差異はどこにあるのかということを問題とするもので、哲学者のウィトゲンシュタインの次の問いが出発点となります。すなわち、「私が腕を上げるという事実から、私の腕が上がるという事実を差し引いたとき、何が残るのか?」(『哲学探究』§621)。

古くなった古典的意思理論の考え方

「古典的意思理論」(ロック)によれば、その答えは「意思」であり、意思が原因となり、その結果として身体運動が生じ、そこに行為があると考えます。しかし、このように、意思と身体運動を関係づけて行為を説明することに対しては、行為に先行する意思の存在は確認できない、意思の原因を求めてさらに意思が問題となり無限後退に陥るなどの批判があります。

たしかに、この考え方によれば、たとえば「歯を磨く」行為について、「歯を磨こう」という意思が先行して存在しなければ、行為は存在しないことになります。しかし、歯を磨くことが「習慣」になっている人は自然と洗面台に向かうのであり、毎度明確に意思をもって歯を磨いているわけではありません。ここで言うような「意思」が先行するのは、1週間ずっと歯を磨いていない人が「今日こそは歯を磨くぞ」と決意する場合だけであり、そういう人だけが行為をしているということになってしまいます。問題は、刑法学においては、この「古典的意思理論」が疑問なしに前提とされているという点です。

新しい考え方の登場

分析哲学上の多くの見解によれば、意思という積極的で強い意味ではなく、「意図的であったか」ということにソフト化され、「意図（intention）」が、行為と単なる出来事との区別基準とされています。哲学者のアンスコムによれば、意図的であることは、2種類の自己知、すなわち、自分が何をしているかについての「身体知」と、自分がなぜそうしているのかの「理由知」と結びついています。

身体知については、「観察によって知られるもの」と「観察に基づかないで知られるもの」とに分けられ、後者の「観察に基づかないで知られる」ことが意図的とされます。たとえば、人に呼ばれて立ち上がったとき、自分の身体である脚がどんな状態かを観察しなくても知っているのであり、このような仕方で自分が何をしているかについて知っている動作が「意図的な行為」というわけです。またこの場合、自分がなぜ立ち上がったかの理由知については、その行為の「原因」によってではなく、その行為が「なぜ」行われているかの「理由」をもって答えることができる自覚的な行為というわけです。すなわち、行為の理由を原因から分離する考え方であり、これを「行為の反因果説」といいます。

これに対して、行為の基本理由は「～ゆえに」という一種の因果関係を表現しているとして、「行為の原因としての欲求と信念から」行為を説明する「行為の因果説」も主張されています。

しかし、一定の身体運動は、規則、慣習、評価の文脈の中に置かれてはじめて理解できるのであり、それは、原因とは区別されたその行為の理由を挙げることを意味します（将棋において木片を動かすことが王手を意味するように）。また、行為の理由を与えることとは行為を合理化することであり、行為はその意図から合理的に理解される秩序に属するのに対して、出来事は因果的に説明される自然の秩序に属するものです。さらに、行為の理由は、その多くがその行為の「未来の目的」を挙げるものであり、「未来の目的」による説明は原因による説明とは異なります(「空港に向かっている理由」として主になされる説明は、「飛行機でドイツに行くため」であって、「成田空港行きの電車に乗ったから」ではない)。

さらに、近時の実践哲学によれば、自律的・合理的に行為するためには、行為者自身の心理状態から外に出て、共同体の規範を参照しなければならないとして、「行為者性の社会理論」が哲学者のピピンによって主張されています。これによれば、一方で、行為者に意図を帰属させることそのものが社会的な要素抜きには不可能であるということ、他方で、合理的行為者であるという地位は社会的な承認によって獲得されるということ、の2つの側面があります。

要するに、自分が何らかの行為をするとき、単なる身体運動として観察しているわけではなく、また、内的な意思があらかじめ存在し、それによって身体運動をしているわけでもありません。そうではなく、自分の行為とそれに意味と輪郭を与える規範という行為のネットワークの全体を実践的に理解しているのです。

このことは、人間が社会内存在であることを意味します。そして、社会は相互作用のシステムであり、そのためのコミュニケーション手段として行為を理解するならば、行為の社会的意味を無視することはできないのです。

自己の自由は、他者の自由との接触なしには考えられず、したがって、行為は「個人的なもの」ではなく、つねに「社会的なもの」なのです。この「社会的なもの」は、人によって媒介される相互作用の関係、すなわち、社会における個々人の相互的な尊重要請に関わるものです。したがって、行為を社会的なものからまったく孤立させて、もっぱら個人の意思による産物と捉えることは誤っているといわねばなりません。

意思とは何か

では、意思とは何かをあらためて考えてみる必要がありそうです。刑法学においては、「意思」は行為の中核に位置づけられ、この行為意思を出発点として、様々な犯罪論上の諸問題が考察されてきました。たとえば、第2章で述べた実行行為、故意・過失、責任能力など、多くの要件は行為意思との連関を必要とする概念なのです。

行為意思は、とくに責任の本質論に密接に関連します。なぜなら、これも前述のように、刑法上の責任非難は、行為者の意思決定に対して加えられるからです。すなわち、行為者には、他行為可能性があったにもかかわらず、どうしてこの行為を「する」意思決定をしたのかが、責任非難の内容をなすからです。

言い換えれば、責任非難は、「する」という能動態を前提としており（しないという不作為も含む）、何かに強制された場合には、「される」という受動態によって表現され、自発的ではない（他行為可能性がなかった）ため責任非難を加えることができないというわけです。

しかし、このような「能動態と受動態の対置」に対して、近時「中動態」の存在が注目されています。それによれば、元々、能動態は意思とは無関係であって、行為が主語からはじまって主語の外で終わる過程のことであるのに対し、中動態は、行為の主語が過程の内部の「場」にあるというのです。歴史的には、能動態は、受動態と対立していたのではなく、中動態と対立していたのであり、受動態は中動態が担う意味の１つとして包含されていたのです。

たとえば、「与える」は自分の外側で与えるという行為が終わることから能動態であり、「欲する」は自分の欲求の過程が自分の内部の場で起こっていることから中動態です。「惚《ほ》れる」というのも、自分の内部でそういう思いが起こっていることから中動態です。つまり、能動態と中動態の対立は「外と内の対立」なのです。

しかし、この中動態は、意思概念の勃興によって次第に消滅していきます。そして中動態が消滅することによって、能動態と受動態の対立が浮上してきます。それは「する」と「される」の対立なのですが、前者から派生する「自発的」と、後者から派生する「強制的」に着目するようになります。

そこで重視されるのは、まさに「意思」であり、「自発性」です。この意思に基づく行為に責任を課すというのが、現在の社会システム、法システムの考え方です。しかし、この意思の概念によって、無限に遡れるはずの出来事の原因を切断し、背後にある原因を捨象してしまうことに注意しなければなりません。

もっとも、意思は、行為者の刑事責任を問うからこそ必要な要素といえます。なぜなら行為者の犯罪意思が発生した原因は多種多様であり、その原因をどんどん遡っていくと、誰にも責任がないことになってしまうからです。

刑法学は、行為者の意思について責任を問うことができるかを確認する作業を行っているのであり、個人責任、行為責任を問題とする以上、意思それ自体を放棄することはできません。しかし、刑法学が「古典的意思理論」に立脚し、「能動態と受動態の対立」を当然の前提としていることについては、再考する必要があるように思います。それによって、責任非難の在り方、刑罰の在り方に大きな変化をもたらすことになるでしょう。

前述の規範的責任論（104ページ）は、責任は非難可能性であり、適法行為を遂行できたのにしなかったという「他行為可能性」が存する場合に、責任が肯定されるという考え方です。かつてドイツ連邦通常裁判所（1952年）は、以下のように述べました。

「刑罰は責任を前提とする。責任とは非難可能性である。責任という無価値判断によって、行為者は適法に行為し、法に適合して決断しえたにもかかわらず、適法に行為しなかったことが、非難されるのである。その責任非難の内的根拠は、人は、自由に答責的に倫理的に自己決定をなしえ、それゆえに、自ら法に従い不法に反して決断しうるという点にある」と。

この規範的責任論は、古典的意思理論に立脚し、人間には「意思の自由」があることを前提とするもので、意思の自由を認めない脳科学の知見（意思を抱く前に脳によって決定されている）と正面から対決しなければならないでしょう。

人間の自由は、孤立無援な状態において認められるものではなく、他者との関係において認められるものです。このような自由と承認との連関を主張したのが、前述した「行為者性の社会理論」です。行為者性は、個人の自己との関係の問題であるだけでなく、他者との関係と他者による承認を必要とします。自由な行為者であることは、一種の規範的な地位であって、その内容と可能性そのものは、相互に承認し合う行為者たちから成る共同体の内部で、自由な行為者として承認されていることに依存します。

すなわち、自由は承認に依存するのであり、これが「自由の社会性」ということです。

自由は、外的な拘束からの自由でも、純粋な自発性でもなく、集合的に達成された関係性、「他なるもののうちにあって自分のもとにあること」なのです。

このような「承認論」によれば、市民としての犯罪者の能力は、具体的な市民に結びつけられた、実質的な承認機能に依存することになります。それは、規範遵守能力や不法を回避する能力を、たとえば、健康、食料品、労働、文化、教育、社会化などの行為者の社会的諸条件を考慮して判断します。これによって、民主主義的かつ社会的な国家においては、具体的に承認された行為者に対して、「構成要件に該当する違法な行為」を個人的に非難する資格が与えられることになるわけです。これを「承認論的責任論」と称することができます。

3　刑法学も変わっていく

以上、「犯罪と刑罰」の新しい考え方である表出的刑罰論、被害者志向的刑罰論、修復的司法論、また、「責任」の新しい考え方である「社会内存在」的行為論、中動態論、承認論的責任論などについてお話ししました。

これらの考え方は、「犯罪と刑罰」や「責任」の考え方を大きく変えることになるでしょう。しかし、これらの考え方は、現在の基本的な枠組みの中でも十分に機能を発揮するように思います。それを全面的に展開しようとすれば、もう1冊執筆する必要があるくらいなので、ここでは、若干示唆するだけにとどめます。

「犯罪論」においては、「違法」の判断は「法益」を基本軸とし、それを枠組みとしつつも、修復的司法論がいう「害」をも考慮し、被害者、コミュニティを包含した共同体との関係を組み込んで行為の違法性を判断することが必要でしょう。

「責任」の判断は、行為者の意思にのみ力点を置く「受動責任」を枠組みとする一方で、応答責任、修復責任などの「能動責任」をも考慮するべきです。さらに、中動態論や承認論的責任論などが示唆するように、行為者の意思形成の背後にある素質・環境を考慮することによって、加害者の治療や教育に重点を置く「特別予防論のルネサンス」の可能性も考えることが必要でしょう。

いずれにせよ、刑法上の「責任」は、その人に内在的に存在するものではなく、国家という外部からその人に「帰属」されて生じるものと考えるべきです。責任は、本来、被害者・コミュニティに対する応答責任・修復責任であり、これらが十分に果たされているかを問題とし、それが果たされているならば、責任が減少する可能性もあり、量刑においても考慮されうることになるでしょう。

「刑罰論」においては、ラディカルな修復的司法論によれば、刑罰廃止論に至りますが、それは現実的ではありません。修復的司法は、現在のところ、実現可能な領域において部分的に実現していくという方向が妥当でしょう。たとえば、前述の処遇段階においては主として修復的司法によって実施するとか、少年事件においては主として修復的司法で実践するということもありうると思います。

「量刑論」においては、被害者およびコミュニティの視点がより重要となるでしょう。しかし、それは、必ずしも厳罰志向となるわけではないことに注意してください。加害者と被害者、加害者とコミュニティ、被害者とコミュニティというそれぞれの関係で「犯罪と刑罰」を把握し、それを前提にして量刑判断を行うということです。

とくに修復的司法論によれば、量刑事情として、犯罪後の態度や被害回復・被害弁償・示談などが重要となるでしょう。すなわち、加害者が、被害者およびコミュニティの受けた害を修復するという修復責任を果たした場合には、刑は減軽される可能性があります。さらに、加害者自身に、治療・教育を要する害（DV、虐待など）が存在した場合には、動機や犯行に至る経緯などが重要な量刑事情となるでしょう。

いずれにせよ、これまでの歴史的変遷をみれば、「犯罪と刑罰」や「責任」の考え方が、これから変化、変容していくことは、決して奇異なことではありません。もちろん、前述のように、近代法の原理に基づく刑法学においては変わってはならない基本原則が数多くあります。しかし、「人間とは何か」「社会とは何か」「国家とは何か」という問題は、時代や価値によって変化、変容していくものであり、それに対応して、刑法学も「生成変化」せざるをえないことを意識する必要があるように思います。

参考文献

刑法学入門

・高橋則夫『授業中刑法講義』（信山社、2019年）
・高橋則夫編（川崎友巳・中空壽雅・橋本正博・安田拓人）『ブリッジブック刑法の考え方（第3版）』（信山社、2018年）
・山口厚『刑法入門』（岩波書店、2008年）
・井田良『基礎から学ぶ刑事法（第6版補訂版）』（有斐閣、2022年）
・仲道祐樹『刑法的思考のすすめ――刑法を使って考えることの面白さを伝えたいんだよ！』（大和書房、2022年）
・佐久間修・橋本正博編（岡部雅人・嘉門優・南由介・森永真綱）『刑法の時間』（有斐閣、2021年）

量刑論

・司法研修所編『裁判員裁判における量刑評議の在り方について』（法曹会、2012年）
・大阪刑事実務研究会編著『量刑実務大系』第1～5巻（判例タイムズ社、2011～13年）
・原田國男『量刑判断の実際（第3版）』（立花書房、2008年）

刑罰論

・井田良『死刑制度と刑罰理論』（岩波書店、2022年）
・高橋則夫『刑法総論（第5版）』（成文堂、2022年）573頁以下

表出的刑罰論

・高橋則夫『規範論と理論刑法学』（成文堂、2021年）504頁以下

被害者志向的刑罰論

・高橋則夫・前掲『規範論と理論刑法学』495頁以下

修復的司法論

・ゼア（西村春夫・細井洋子・高橋則夫監訳）『修復的司法とは何か――応報から関係修復へ』（新泉社、2003年）
・高橋則夫『修復的司法の探求』（成文堂、2003年）
・高橋則夫『対話による犯罪解決』（成文堂、2007年）

「責任」論

・高橋則夫「刑法学における『行為・規範・帰属』」早稲田大学法学会編『早稲田大学法学会百周年記念論文集　第三巻　刑事法編』（成文堂、２０２２年）１５０頁以下
・アンスコム（柏端達也訳）『インテンション――行為と実践知の哲学』（岩波書店、２０２２年）
・國分功一郎『中動態の世界――意志と責任の考古学』（医学書院、２０１７年）
・國分功一郎・熊谷晋一郎『〈責任〉の生成――中動態と当事者研究』（新曜社、２０２０年）
・小坂井敏晶『増補　責任という虚構』（筑摩書房、２０２０年）
・ピピン（星野勉監訳）『ヘーゲルの実践哲学――人倫としての理性的行為者性』（法政大学出版局、２０１３年）

あとがき

「はじめに」で触れた鳥栖両親殺人事件につき、２０２４年1月17日福岡高裁において控訴審が行われ、弁護側は被告人の虐待被害や犯行経緯の再度の審理を求め、鑑定報告書などの証拠を提出しましたが、裁判所はこれを却下し、わずか10分で即日結審しました。そして福岡高裁は、同年3月6日、被告人に懲役24年の判決を言い渡し、1審判決を支持しました。

みなさんは、あらためてこの判決をどう思いますか。「犯罪とは何か」「刑罰とは何か」「量刑とは何か」をめぐる「長く曲がりくねった道」をたどってきたみなさんは、自分なりに刑の重さについて考えることができるようになったのではないかと期待します。それは、みなさんの考え抜かれた選択として、その集積が妥当な刑を判断する基準ともなるのです。

本書執筆の契機は、早稲田大学8号館106教室で行った私の最終講義（2022年3月12日）に遡ります。最終講義の翌日、筑摩書房の方便凌氏が連絡を希望しているとのことで、法学部事務所経由で名刺を頂戴しました。そのときはじめて、方便氏が私の最終講義に出席されていたことを知ったわけです。その後、大学近くの喫茶店「ぷらんたん」ではじめてお会いし、企画のお話を伺いました。本のタイトルは『刑の重さは何で決まるのか』ということで、刑法入門のような内容の本ということでお願いされました。

お引き受けしたものの、量刑論になってしまうなあ、刑法の概説書になったのではつまらないなあなどと思い悩み、思うように執筆が進みませんでした。しかし、なんとか、量刑への「長く曲がりくねった道」をたどる旅路のイメージで執筆を終えることができました。これが成功しているか否かは、読者のみなさんの判断にお任せするしかありません。いずれにしても、方便氏の粘り強いサポートがなければ、本書は刊行できなかったのであり、この場を借りて、方便氏に心より感謝申し上げます。

また、ご多忙であるにもかかわらず、原稿段階で様々な視点からチェックいただいた、國學院大學名誉教授の関哲夫氏、国士舘大学法学部教授の岡部雅人氏にも、厚く御礼申し上げる次第です。

本書が、「犯罪・刑罰・量刑」を考える際に、少しでも参考になることがあれば、大変うれしく思います。

高橋則夫

2024年3月7日　キャンパスの風に春を感じながら

ちくまプリマー新書

440
ルールはそもそもなんのためにあるのか
住吉雅美
決められたことには何の疑問も持たずに従うことが正しい？　ブルシットなルールに従う前に考えてみよう！　ルールの原理を問い、武器に変える法哲学入門。

427
客観性の落とし穴
村上靖彦
「その意見って、客観的なものですか」。数値化が当たり前になった今、こうした考え方が世にはびこっている。その原因を探り、失われたものを明らかにする。

408
難しい本を読むためには
山口尚
ページを開いてもわからないものはわからない。そんな本に有効なのは正攻法の読み方だ。キーセンテンスの探し方から読書会まで、いままでにない読書法を教えます。

405
「みんな違ってみんないい」のか？
——相対主義と普遍主義の問題
山口裕之
他人との関係を切り捨てるのでもなく、自分と異なる考えを否定するのでもなく——「正しさ」とは何か、それはどのようにして作られていくものかを考える。

402
ヤングケアラーってなんだろう
澁谷智子
中学校の1クラスに2人はいる——家族の世話や家事を行う子どもたちを指す「ヤングケアラー」。彼らがおかれた状況や支援の取り組みを知るための一冊。

ちくまプリマー新書

386
「日本」ってどんな国？
——国際比較データで社会が見えてくる
本田由紀

家族、ジェンダー、学校、友人、経済・仕事、政治・社会運動について世界各国のデータと比較し、日本がどんな国か考えてみよう。今までの「普通」が変わるかも⁉

385
従順さのどこがいけないのか
将基面貴巳

「みんな、そうしているよ」「ルールだから、しかたがない」「先生がいってるんだから」この発想がいかに危険なものなのか、政治、思想、歴史から解明します。

359
社会を知るためには
筒井淳也

なぜ先行きが見えないのか？　複雑に絡み合う社会を理解するのは難しいため、様々なリスクをうけいれざるを得ない。その社会の特徴に向き合うための最初の一冊。

340
はじめての憲法
篠田英朗

日本国憲法の制定過程をポツダム宣言受諾後の「ポツダム・プロセス」と見ることで憲法の本当の姿がわかる。気鋭の国際政治学者による、世界水準の憲法入門講義。

308
幸福とは何か
——思考実験で学ぶ倫理学入門
森村進

幸福とは何か。私たちは何のために生きているのか——誰もが一度は心をつかまれるこの問題を、たくさんの思考実験を通して考えよう。思考力を鍛える練習問題つき。

ちくまプリマー新書

273
人はなぜ物語を求めるのか
千野帽子
人は人生に起こる様々なことに意味付けし物語として認識することなしには生きられません。それはどうしてなのか？　その仕組みは何だろうか？

266
みんなの道徳解体新書
パオロ・マッツァリーノ
道徳って何なのか、誰のために必要なのか、副読本を読んでみたら……。つっこみどころ満載の抱腹絶倒の話、意味不明な話、偏った話満載だった⁉

256
国家を考えてみよう
橋本治
国家は国民のものなのに、考えるのは難しい。日本の国の歴史をたどりつつ、考えることを難しくしている理由を探る。考え学び続けることの大切さを伝える。

221
たったひとつの「真実」なんてない
――メディアは何を伝えているのか？
森達也
今見ているものは現実の一部で、真実はひとつではない。でもメディアは最初から嘘なのだというのは間違い。大切なことは正しく見、聞き、そして考えること。

136
高校生からのゲーム理論
松井彰彦
ゲーム理論とは人と人とのつながりに根ざした学問である――環境問題、いじめ、三国志など多様なテーマからその本質に迫る、ゲーム理論的に考えるための入門書。

ちくまプリマー新書

079
友だち幻想
——人と人の〈つながり〉を考える
菅野仁
「みんな仲良く」という理念、「私を丸ごと受け入れてくれる人がきっといる」という幻想の中に真の親しさは得られない。人間関係を根本から見直す、実用的社会学の本。

074
ほんとはこわい「やさしさ社会」
森真一
「やさしさ」「楽しさ」が善いとされ、人間関係のルールである現代社会。それがもたらす「しんどさ」「こわさ」をなくし、もっと気楽に生きるための智恵を探る。

447
わからない世界と向き合うために
中屋敷均
この世は思いもよらないことが起きる。確率通りには物事は進まないし、予測しコントロールすることも難しい。それでも自分を見失わないため心構えを届けたい。

445
人間関係ってどういう関係?
平尾昌宏
家族、恋人、友人——いちばんすぐそばにあり、実はいちばん掴みどころのない「身近な関係」をいちから捉えなおし、人間関係の息苦しさとさみしさをときほぐす。

428
「死にたい」と言われたら
——自殺の心理学
末木新
日本人の約2%が自殺で死亡している。なぜ自殺は起こるのか、自殺は悪いことなのか、死にたい気持ちにどう対応するのか——心理学の知見から考える。

ちくまプリマー新書

423
増えるものたちの進化生物学
市橋伯一

生命と非生命をわけるもの、それは「増える」ことである。増える能力は生命を悩める存在へと変えてしまった――生命の起源と未来を見つめる知的問答の書。

412
君は君の人生の主役になれ
鳥羽和久

管理社会で「普通」になる方法を耳打ちする大人の中で育ち、安心を求めるばかりのあなたは自分独特の生き方を失っている。そんな子供と大人が生き直すための本。

410
歴史学のトリセツ
――歴史の見方が変わるとき
小田中直樹

歴史って面白い？　つまらないならその理由を探るべく、歴史学の流れを振り返ろう。事実、記憶、視野の大小など、その変化を知れば、歴史の考え方が変わるはず。

401
学校はなぜ退屈でなぜ大切なのか
広田照幸

「道徳は教えられるか」「学校の勉強は仕事に役立つか」「教育は格差を解消できるか」「ＡＩ社会で教育は変わるか」――広い視点と多様な角度からとらえなおす。

392
「人それぞれ」がさみしい
――「やさしく・冷たい」人間関係を考える
石田光規

他人と深い関係を築けなくなったのはなぜか――相手との距離をとろうとする人間関係のありかたや、「人それぞれ」の社会に隠れた息苦しさを見直す一冊。

ちくまプリマー新書

ちくまプリマー新書454
刑《けい》の重《おも》さは何《なに》で決《き》まるのか

二〇二四年四月十日　初版第一刷発行
二〇二四年十一月二十五日　初版第三刷発行

著者　高橋則夫（たかはし・のりお）

装幀　クラフト・エヴィング商會
発行者　増田健史
発行所　株式会社筑摩書房
東京都台東区蔵前二-五-三　〒一一一-八七五五
電話番号　〇三-五六八七-二六〇一（代表）
印刷・製本　中央精版印刷株式会社

ISBN978-4-480-68475-2 C0232 Printed in Japan